Sociétés secrètes

Mythes, réalités, fantasmes, impostures

Du même auteur

Épopée française, Éditions Pierre-Guillaume de Roux, 2017.
12 arnaques qui ont changé l'Histoire, Pygmalion, 2015.
Quand la politique tue, La Table Ronde, 2014.
La mort de Pierre Bérégovoy. Vingt ans de questions sans réponses, La Table Ronde, 2013.
Marie-Stuart. Sainte ou putain ?, Pascal Galodé, 2012.
La Diabolique affaire des Templiers, Alphée, 2011.
La Bataille de l'Ouest, Pascal Galodé, 2011.
L'affaire Jacques Viguier. L'engrenage infernal, Alphée, 2010.
Marie Besnard : L'Énigme, en collaboration avec Olga Vincent, Michel Lafon, 2006.
Corps et âme. Miracles au quotidien dans un grand hôpital, La Table Ronde, 2006.
« Cet homme a été assassiné… ». La Mort de Pierre Bérégovoy. Enquête sur l'enquête, La Table Ronde, 2003.
Contre-enquête : L'Affaire Viguier, La Table Ronde, 2003.
Esther, juin 1940, Éditions Belami, 2002.
Esther, 1939, Éditions Belami, 2002.
La part du fou, Éditions Hors Commerce, 1999.
Survivre. La vie des Français de l'Ouest en 1944, Éditions Ouest-France/Mémorial de Caen, 1994.
Héros, Albin Michel, 1993.
Bouffe Kaiser, Flammarion, 1992.
Folie douce, Flammarion, 1992.

Dominique Labarrière

Sociétés secrètes

Mythes, réalités, fantasmes, impostures

Pygmalion

ISBN : 978-2-7564-1698-4

« Et nous prendrons sur nous d'expliquer le mystère des choses. Comme si nous étions les espions de Dieu. »

SHAKESPEARE,
Le Roi Lear, acte V, scène III.

« Il faut sans se lasser et sans faiblir opposer une fin de non-recevoir à tous ceux qui attendent des historiens qu'ils les rassurent sur leurs certitudes, cultivant sagement le petit lopin des continuités. »

Patrick Boucheron,
Leçon inaugurale au Collège de France.
Décembre 2015.

Introduction

Aux origines serait la peur primitive et universelle de l'homme. La peur que le soleil qui plonge dans les abysses effrayants de l'obscurité ne reparaisse pas, que le jour ne parvienne pas à vaincre la nuit, que le printemps fertile ne succède pas au stérile hiver.

De cette peur naît l'incantation adressée à l'astre afin qu'il demeure, ou – s'il ne demeure pas – qu'il consente à reparaître. Émergent alors les prémisses du sacré, les balbutiements du rituel. Puis sourd le besoin de percer le mystère de cette force primordiale, génitrice et de sa cause première. C'est ici que s'ouvre la quête infinie des savoirs et que se tisse la conviction que l'ordre visible de l'Univers n'est que la manifestation d'un ordre invisible.

Au prêtre, la maîtrise du rituel, la connaissance du verbe incantatoire et des actes liturgiques destinés à s'assurer la bienveillance de l'astre divinisé. Au prêtre, la dimension visible, accessible, transmissible, exotérique du mystère.

À l'initié, la quête du mystère sous ce mystère. À lui, l'exploration de l'indicible qui fonde la divinité même. À lui, la recherche et la révélation de sa profondeur ultime, cachée dans d'autres profondeurs. À lui, et à lui seul, la connaissance au-delà de la connaissance, la pénétration de l'incommunicable, l'accès à l'occulte enchâssé dans l'occulte, le décryptage des sens ésotériques[1] du mystère. À lui, l'accès au savoir secret.

Étymologiquement, secret signifie « séparé » et non pas « caché ». La distinction n'est pas sans intérêt. Il s'agit d'un savoir autre plutôt que fondamentalement occulte ; un savoir différent dont l'acquisition – que celle-ci résulte d'un enseignement ou d'une immersion dans un état particulier de conscience – rapprocherait de la lumière. Ou, selon une perception matérialiste et pragmatique, voire pervertie, conférerait un pouvoir de domination sur les êtres et les choses.

Il apparaît que, au commencement des commencements, ces deux quêtes se confondaient en une seule. Il est vrai que parvenir par l'incantation et le geste liturgique à s'assurer le retour de l'astre de lumière revient *de facto* à se doter du pouvoir de vaincre la nuit. Puis, par un cheminement métaphorique allant du macrocosme ciel-terre au microcosme être humain, celui-ci se prend à espérer, par ces mêmes pratiques et ce même pouvoir, vaincre la mort pour, comme le soleil à chaque aube, renaître.

C'est autour de la place faite à ces deux conceptions, à ces deux branches de la quête initiale, voie de lumière ou voie de pouvoir, que vont, au fil de l'histoire, se constituer, prospérer – et surtout se différencier – les sociétés secrètes.

L'initié est celui qui, au terme d'un cheminement particulier, est parvenu à la connaissance de la vérité suprême, connaissance dont le secret doit être rigoureusement gardé. Cette règle est la norme commune à toute initiation. Elle constitue la loi organique de toute société secrète. « Dévoiler à un peuple enfant les vérités primordiales du monde [...], c'est commettre un horrible forfait », écrit Henri Delaage, « c'est le crime que la tradition antique nous montre puni en la personne du prophète Prométhée cloué vivant à un

1. Ésotérique, ce qui est, enfermé, tenu secret, par opposition à exotérique, ce qui est public, extérieur, ouvert.

rocher, la poitrine ouverte et le cœur saignant sous le bec furieux d'un vautour acharné sur cette proie immortelle[1]. »

Le concept en est clairement exprimé dès l'origine, c'est-à-dire dans notre culture indo-européenne, occidentale, avec les premiers mystères de l'Égypte ancienne. Lorsque le nouvel admis aux mystères d'Isis-Osiris parvient au terme de son parcours initiatique, le dignitaire qui l'accueille et l'adoube, prêtre de la déesse, lui délivre un ultime message que rapporte Delaage : « Il faut mesurer la vérité selon les intelligences, la voiler aux faibles qu'elle rendrait fous, la cacher aux méchants qui ne peuvent en saisir que des fragments et dont ils feraient des armes de destruction. » Puis, vient en conclusion cette exhortation : « Renferme-la dans ton cœur et qu'elle parle par ton œuvre. La science sera ta force, la foi ton épée et le silence ton armure infrangible. »

Ce point est fondamental, car, à travers les âges, la justification de la nécessité du secret demeurera identique, pratiquement au mot près, au sein de la plupart des sociétés secrètes, celles du moins dont l'idéal revendiqué est la quête d'une connaissance singulière[2].

En résumé, le grand principe qui lie l'initié au secret tient en trois points :

– Il n'y a pas d'accès à la vérité sans parcours initiatique.

– Cette vérité ne peut être divulguée qu'à ceux qui ont été jugés dignes d'intégrer ce parcours et qui en ont triomphé.

---

1. Delaage (Henri), *Doctrine des sociétés secrètes, ou Épreuves, régimes, esprit, instructions, mœurs des initiés aux différents grades des mystères d'Isis, de Mithra, des chevaliers du Temple, des carbonari et des francs-maçons*, É. Dentu éditeur, 1852.

2. Pour celles – de type mafieux par exemple – dont le secret a pour seule finalité de garantir la clandestinité du groupe et de ses actions, la justification est évidemment autre. Elle obéit à un impératif sécuritaire de simple bon sens. Ce ne sont pas des sociétés secrètes *stricto sensu* ; seulement des sociétés clandestines.

– Enfin, c'est par son « œuvre », par son mode d'être au monde que « celui qui sait » se révèle – s'il se révèle – et en aucune façon par la divulgation de ce qui lui a été dévoilé.

Cependant, dès les premiers temps de l'humanité, en parallèle à ces cultes de lumière ont émergé des rites voués aux forces des ténèbres, pratiques obscures sur la base desquelles se sont également constituées des sociétés secrètes, soit complètement extérieures aux premières, soit en leur sein même, les entraînant alors dans une ambivalence, certes, douteuse, mais fertile en séductions.

Depuis Rama, l'initié originel, qui, des forêts de notre Europe antédiluvienne s'est exilé avec ses fidèles sur les hauts sommets de l'Inde pour ne pas entrer en guerre ouverte avec les prêtresses maléfiques des ténèbres, cette dualité ne s'est jamais éteinte, ces contraires n'ont jamais cessé de se disputer les esprits, les cœurs et les âmes.

Secret inviolable, parcours initiatique, émergence d'une élite composée des seuls élus constituent les éléments constitutifs de ces sociétés, qu'elles se réfèrent ou non à la base commune évoquée, et quelle que puisse être par ailleurs la nature – sacrée ou profane – du secret dont elles se veulent les détentrices et gardiennes.

Si, au fil de l'histoire des nations et des peuples, autour de ces trois points justifiés à l'origine par une quête sincère du sacré, vont se constituer des communautés animées d'intentions tout aussi nobles, obéissant elles aussi à des règles éthiques rigoureuses, menant une recherche spirituelle, intellectuelle, scientifique de même exigence, d'autres vont revendiquer ce même triptyque et le détourner pour bâtir artificieusement des officines de pouvoir, des foyers de basse superstition, des cénacles de fausse science, des chapelles d'imposture, des sectes débilitantes, des catacombes de sexe et de sang, des temples d'abyssale sottise où professent et prospèrent le gourou autoproclamé, le conspirationniste frénétique et tant d'autres marchands de fantasmes de pacotille.

Raconter, analyser les sociétés secrètes, c'est aussi évoquer ces avatars sulfureux et explorer le conflit sans fin qui oppose les forces de lumière aux puissances des ténèbres.

1

Dans le secret des dieux

Osiris est la divinité solaire emblématique de l'Égypte ancienne. La légende prête à ce pharaon divinisé une taille de géant, un visage d'une beauté remarquable et une âme tout aussi belle. Ayant en main les destinées du pays, il passe pour l'avoir gouverné avec sagesse, le dotant de lois justes, éradiquant les pratiques sanguinaires des sacrifices humains et l'anthropophagie. Il aurait également créé des cités nouvelles, inventé ou encouragé l'agriculture. Sous son règne, le pays aurait ainsi connu une ère de prospérité et de paix.

Dans sa dimension divine, Osiris est celui qui maîtrise la course de l'astre solaire. Il est aussi le maître du Nil, de la fertilité du delta, réglant l'alternance des périodes de basses eaux et de crues. Il est encore le garant du cycle des saisons, de l'éveil et de l'endormissement de la nature. Il gouverne en fait sur tout ce qui meurt et renaît.

Ayant accompli son œuvre civilisatrice en Égypte, il aurait voyagé à travers le monde connu de l'époque pour y dispenser son savoir et ses bienfaits. Cela mené à bien, de retour chez lui, il aurait trouvé l'Égypte aussi prospère et policée qu'à son départ. En partant, il en avait confié la destinée à son épouse, Isis, la déesse mère qui avait su gouverner en son absence avec autant de sagesse et de pertinence que lui-même.

Isis était non seulement son épouse, mais aussi sa sœur. Ils avaient un frère, Seth, et une sœur, Nephtys, eux aussi mariés bien que frère et sœur. La gloire d'Osiris portait ombrage à Seth, divinité des ténèbres et du désordre, l'antithèse parfaite de son aîné dont il était naturellement jaloux. Une jalousie qui, selon certaines variantes de la légende, aurait atteint son paroxysme lorsque Nephtys, son épouse, empruntant l'apparence d'Isis, aurait partagé la couche d'Osiris. De cette union serait né Anubis. Une autre interprétation de la légende voudrait qu'Isis et Nepthys soient toutes deux épouses légitimes d'Osiris. Isis, déesse de ce qui se voit, déesse mère de la nature, l'étant dans la dimension terrestre ; Nephtys, déesse de ce qui est sous terre et ne se voit pas, l'étant, elle, dans les sphères de l'invisible.

Quoi qu'il en soit, Seth étouffe de jalousie et ne rêve que de détrôner son rival afin de prendre sa place. Aussi décide-t-il de passer à l'action.

Plutarque, écrivain et philosophe du Ier siècle de notre ère, rapporte l'événement légendaire. Lors d'un banquet en l'honneur d'Osiris, Seth réussit à le piéger. Il a apporté un coffre qu'il a fait fabriquer aux mesures exactes d'Osiris. Les hôtes s'en étonnent. Pourquoi se munir d'un coffre pour participer à des agapes ? Seth expose qu'il souhaite pimenter la fête en lançant un défi aux convives. Le vainqueur sera celui qui, s'étant glissé à l'intérieur, remplira parfaitement ce coffre. Aucun des hôtes bien sûr ne correspond aux dimensions. Le dernier à se soumettre est Osiris. Évidemment, le coffre épouse à la perfection sa morphologie de géant. Aussitôt, Seth abaisse le couvercle, le verrouille, fait enlever le coffre par la horde de ses soixante-douze complices et s'empresse d'aller le jeter dans le Nil. Le coffre – première représentation du sarcophage rituel – va s'échouer dans un entrelacs de troncs d'arbres qui poussent sur la rive. Osiris est alors considéré comme mort. Mort noyé après vingt-huit années de règne, soit la correspondance en années du cycle lunaire de vingt-huit jours.

La déesse Isis, son épouse, ne se résigne pas. Elle parvient à récupérer le sarcophage qu'elle met à l'abri. Mais Seth, animé d'une fureur toute divine, le retrouve et s'empare de nouveau d'Osiris qu'il tue, cette fois, de ses mains, débitant son cadavre en quatorze morceaux qu'il va disperser à travers le pays puis, de nouveau, dans le fleuve[1].

Isis, inconsolable, ne peut davantage se résoudre à accepter la mort de son époux. Elle n'a de cesse de rechercher ses restes. Aidée en cela, selon certaines sources, par sa sœur et rivale Nephtys, elle parvient à force de ténacité à retrouver les morceaux et à reconstituer le corps qu'elle enveloppe dans des linges. Après la représentation du premier sarcophage et le voyage funèbre dans ou sur l'eau, nous aurions ici la représentation originelle de la momie dans ses bandelettes.

Malheureusement, il manque un élément anatomique pour qu'Osiris recouvre son intégrité corporelle. Cet élément n'est autre que son sexe. Celui-ci aurait été avalé par un poisson, l'oxyrhynque.

Divinité et femme de ressources, Isis ne désarme pas pour autant. Nous sommes dans les temps où magie et religion se confondent. Isis est magicienne. Elle s'emploie à redonner vie au corps enserré dans les bandelettes et parvient à recueillir la semence qui va lui permettre de donner un fils à Osiris, Horus. Il semblerait, selon certains écrits, qu'elle ait remplacé le sexe manquant par un pénis en or. Cependant, quel qu'ait été l'artifice de substitution, la légende ne cessera de nourrir, jusqu'à la fin des temps sans doute, les mille et une formes des cultes phalliques.

Sauvé ainsi d'entre les morts mais se refusant à revenir dans la dimension terrestre, Osiris devient le maître du monde d'en bas. Il y préside le tribunal divin qui juge les morts et leur accorde, s'ils en sont dignes, l'accès à une seconde vie. Quant à Isis, la déesse mère, elle s'affirme dès

1. Le thème du morcellement corporel est également présent dans les rites d'initiation au chamanisme.

lors comme la divinité qui détient le pouvoir de faire revenir à la vie, prodige qu'elle a réussi avec Osiris et qu'elle accomplit pour la nature à chaque retour de la saison fertile. Elle est celle qui connaît le secret des secrets : la voie de la victoire sur la mort, le cheminement du retour à la vie. Cela dit, il en va pour Isis et Osiris comme pour toutes les divinités des mythologies anciennes, leurs attributions, les sphères où s'exercent leurs pouvoirs, leurs influences sont fort diverses, parfois foisonnantes.

Sur la base de la légende d'Osiris – qu'enrichit une infinité de variantes et d'interprétations – un culte va naître, avatar de ceux des premiers temps consacrés au cycle solaire jour-nuit-jour dont est directement dérivé le cycle vie-mort-renaissance.

Par ce culte, il s'agit de s'assurer de la bienveillance de la divinité afin d'échapper à la déchéance de la mort et accéder à la lumière d'Osiris, cela au terme d'un itinéraire complexe et secret dont Isis, seule gardienne des mystères du salut, est le guide sacré.

Cette légende d'Osiris – à la trilogie vie, mort, résurrection – est étroitement liée à cette autre trilogie : violence, sang, sexe. La première fonde le culte sacré, solaire. La seconde nourrit le culte des puissances d'en bas, des ténèbres, les déviances, les rites de sexe et de sang. Ce sont là les deux dimensions, les deux approches indissociables d'une même aspiration religieuse et métaphysique. L'éternelle opposition entre esprit et matière, bien et mal, ombre et lumière.

Pour ésotériques qu'ils soient, les mythes, les cultes – et les sociétés secrètes générées – n'en sont pas moins inscrits dans l'histoire. S'ils ont une influence sur le fil des choses, à l'inverse l'époque – le siècle – où ils ont cours n'est pas sans retentissement sur ce qu'ils sont et sur ce qu'ils professent.

Ainsi le culte d'Isis-Osiris a-t-il eu, à certaines périodes de sa longue existence, une importance politique considérable.

Environ 2 500 ans avant notre ère, sous la Ve dynastie, sa propagation est encouragée, organisée par le pouvoir qui y voit la référence religieuse et culturelle capable de fédérer l'ensemble de l'Égypte constituée jusqu'alors de cités et communautés indépendantes placées chacune sous la protection anarchique de divinités particulières.

Ainsi, d'Abydos où il est apparu, le culte va être diffusé à travers tout le pays. Puis, lorsque celui-ci, entre 1750 et 1550 avant notre ère, passe en grande partie sous la domination des Hyksos venus d'Asie occidentale, la célébration d'Isis-Osiris ne manquera pas d'apparaître comme une manifestation de résistance des autochtones, ou tout au moins comme une affirmation de leur identité propre. Plus tard, à la suite de la conquête du gréco-macédonien Alexandre, les Lagides comprendront qu'il vaut mieux intégrer et épouser ce culte à l'ancrage millénaire et si riche de symboles et de science plutôt que le combattre. Richesse qui explique son immense influence aussi en Grèce où le mythe de Déméter peut être regardé comme un avatar du mythe isiaque, et les mystères d'Éleusis attachés à la déesse grecque comme une réplique du rite initiatique osirien.

Cependant, dès l'origine du culte osirien, tenant à ce que la vérité cachée, la vérité ésotérique, demeure inviolable, les prêtres égyptiens s'attachent à la recouvrir « d'un triple voile » que seuls les instruits des petits mystères et grands mystères de la Déesse mère seront admis à soulever. Il en ira de même en Grèce pour le culte de Déméter et les mystères d'Éleusis.

Ainsi, cet impératif de secret autour duquel se constitue une communauté d'élus, de privilégiés issus d'un parcours initiatique spécifique et lui-même secret, fait que le culte d'Isis-Osiris, qui se perpétuera pendant trois millénaires, peut être considéré comme la matrice des sociétés secrètes, des plus anciennes aux contemporaines. En outre, les ressemblances entre les rites de l'initiation osirienne et ceux de ces sociétés secrètes sont si nombreuses et si troublantes que certains veulent à tout prix y voir la marque d'une filiation directe et ininterrompue. D'autres, moins aventureux, s'en tiennent à de pieux emprunts culturels et cultuels. Nous aurons à y revenir. Raconter le parcours du profane d'Isis-Osiris revient à éclairer le chemin qui sera celui des mystes [1] de tous les temps et de presque toutes les sociétés secrètes. Cela vaut aussi pour l'indéniable puissance poétique, et, bien sûr, symbolique de cette voie.

1. Ainsi désigne-t-on les postulants à toute initiation aux mystères.

2

Du profane à l'initié

De l'Égypte entière mais aussi des « plages d'Asie Mineure aux montagnes de la Thrace », les mortels en quête de spiritualité, de science cachée et de perspectives apaisantes sur les destinées d'outre-tombe affluent aux grands temples de Memphis ou de Thèbes.

Le profane, qui fait la démarche de frapper – symboliquement – à la porte du temple, se voit conduit sous le portique d'une cour intérieure aux piliers monumentaux[1]. Là, il est longuement interrogé par un prêtre d'Osiris. Qui est-il ? D'où vient-il ? De quelle famille est-il issu ? Quel temple de quel culte a-t-il fréquenté jusqu'alors ? Si ses réponses sont satisfaisantes, bien exprimées, et si l'hiérophante – le prêtre – estime que son désir de connaissance et de vérité est sincère, il est invité à suivre une longue allée découverte bordée de statues du sphinx qui le mène à un temple de modestes dimensions dont l'entrée est marquée par deux colonnes, l'une rouge qui symbolise l'ascension spirituelle vers la lumière, l'autre noire qui symbolise son contraire, l'asservissement de l'esprit profane dans la matière. Le fond du temple présente une porte que masque une statue monumentale d'Isis. La Déesse mère y est représentée assise,

---

1. Sur le parcours initiatique osirien, principale source : SCHURÉ (Édouard), *Les Grands Initiés*, Pocket, 1983.

tenant sur ses genoux un livre fermé dont on dit qu'il est composé des pages écrites de toutes les vies passées et des pages blanches de toutes les vies à venir. La face de la déesse est voilée. Le profane peut lire cette inscription : « Aucun mortel n'a soulevé mon voile. » La tête de la déesse est couronnée de l'emblématique diadème à sept pointes[1]. Sept comme les sept sphères de toute vie : sagesse, amour, justice, beauté, splendeur, science, immortalité. Sept comme les sept planètes de l'Antiquité : Mercure, Vénus, la Terre, la Lune, Mars, Jupiter, Saturne. Sept comme les sept états de la constitution de l'homme considéré dans son évolution : corps matériel, force vitale, corps astral, âme animale, âme rationnelle, âme spirituelle, esprit divin. Sept comme les sept notes de la gamme et les sept cordes de la lyre d'Orphée qui ne sont autres que sept entités divines. Sept comme les sept métaux des anciens : l'or, le cuivre, le plomb, l'argent, l'étain, le mercure, le fer. Sept comme les sept couleurs de l'arc-en-ciel. Sept comme les sept génies de la vision d'Hermès, comme les sept dévas de l'Inde, les sept grands anges de la Chaldée, les sept archanges de l'Apocalypse…

Devant la statue et la porte qui donne accès aux cryptes souterraines par où le profane devra passer, l'hiérophante précise les risques encourus. Il lui est alors martelé que celui qui veut aborder la science secrète du culte met en jeu

1. La statue de la Liberté – plus exactement *La Liberté éclairant le monde* – érigée dans l'estuaire de l'Hudson à New York, œuvre du sculpteur français Frédéric Auguste Bartholdi, est elle aussi couronnée du diadème à sept pointes. Il est tentant d'en déduire que, symboliquement ou ésotériquement, les inspirateurs et le créateur de l'œuvre ont voulu placer la ville sous la protection de la Déesse mère Isis, divinité lumière. Plus prosaïquement, on notera que Bartholdi avait d'abord conçu un projet de statue monumentale pour orner l'entrée du canal de Suez. Faute d'argent, l'affaire n'avait pas abouti. Néanmoins, cela l'avait amené à étudier la statuaire de l'Égypte ancienne, d'où sa connaissance des représentations de la déesse dont il a pu s'inspirer pour New York.

sa vie même. Au-delà de la porte, ce qui attend le profane c'est, rapporte Édouard Schuré, « la folie et la mort pour le faible ou le mauvais », « la vie et l'immortalité pour le fort et le bon ».

Le postulant est invité à réfléchir. Il est encore temps pour lui de renoncer. S'il persiste dans son intention, il est reconduit dans la première cour où il est confié aux serviteurs du temple.

Pendant sept jours, ceux-ci le soumettent aux tâches les plus ingrates, aux travaux domestiques les plus humbles. Il doit sacrifier avec ponctualité aux ablutions qui émaillent la journée et la nuit, écouter avec recueillement les psalmodies et les hymnes rituels tout en observant le long de ces sept jours un silence absolu. Nous ne sommes pas loin ici de ce que sera la règle de vie de nombreuses communautés monastiques de la chrétienté.

Puis, au terme de cette retraite, vient le moment d'affronter le grand inconnu.

Après le coucher du soleil, deux assistants de l'hiérophante – les néocores – viennent chercher le profane après qu'il a satisfait à d'ultimes ablutions et méditations et le ramènent dans le temple aux deux colonnes. Là, derrière la statue d'Isis, la porte d'accès au sanctuaire occulte s'ouvre.

Le profane s'engage alors à la lueur de torches dans un couloir sans issue apparente dont les murs sont peints en noir. Il avance entre deux rangées de statues à corps d'homme et à tête d'animaux – taureaux, lions, serpents oiseaux de proie –, qui le regardent et semblent ricaner. Au bout du couloir, placés l'un en face de l'autre, un sarcophage et un squelette humain. Le mur du fond présente un trou donnant sur une sorte de boyau où on ne peut s'introduire et progresser qu'en rampant. Le profane devra l'emprunter. Toutefois, il peut toujours renoncer, revenir sur ses pas. La porte n'est pas encore refermée. S'il souhaite poursuivre, les néocores lui remettent une petite lampe de naphte puis s'en retournent, refermant avec bruit le sanctuaire. Seul, livré à lui-même, le profane s'engage dans le boyau. Des profondeurs, une voix se fait entendre, répercutée sept fois par l'écho : « Ici périssent les insensés qui ont convoité la science et le pouvoir. »

Le tunnel, dont la pente est de plus en plus raide, se termine en entonnoir. Une échelle de fer permet de descendre encore, à la verticale cette fois. Au bas de l'échelle, un gouffre noir, et sur la gauche, un escalier en spirale creusé dans le roc que le profane n'a d'autre choix que d'emprunter. Il remonte ainsi jusqu'à une grille derrière laquelle s'ouvre une vaste galerie à cariatides[1]. Sur les murs, de part et d'autre, onze représentations symboliques.

Là, le gardien des symboles sacrés accueille avec bienveillance le profane et lui décrypte les peintures qui sont en fait la représentation des vingt-deux premiers arcanes de la science sacrée, « sources de toute sagesse et de toute puissance ». Ce sont les vingt-deux lettres de l'alphabet de la science occulte. À chaque lettre correspond un nombre, et, ensemble, lettre et nombre expriment dans la langue sacrée une loi touchant aux trois dimensions de l'homme : physique, intellectuelle, divine. Devant cette scène et ces révélations, le profane est supposé éprouver trois sentiments successifs : la stupéfaction, l'effroi, le ravissement.

Il franchit ensuite une autre porte, longe un couloir voûté, étroit, où il doit affronter le feu puis l'eau. Par un savant effet d'optique, il lui semble entrer dans un brasier. Il avance alors entre deux haies de hautes flammes dont il ne sort que pour s'enfoncer dans une étendue d'eau noire, stagnante, glaciale alors qu'un incendie de naphte paraît le poursuivre.

Enfin, il accède à une grotte chichement éclairée où on le sèche, le parfume et l'invite à prendre du repos sur une couche en attendant que l'hiérophante prenne le relais. Une

1. En architecture, figure de femme, ou même d'homme, qui supporte une corniche.

musique sacrée, très douce, l'accompagne. Un long moment après, une esclave à la peau d'ébène, voilée de gaze pourpre transparente vient le rejoindre, lascive, offerte. Elle tient dans sa main une coupe. « Je t'apporte la récompense des victorieux, l'oubli des peines, la coupe du bonheur », susurre-t-elle.

La tentation est redoutable. Si le malheureux boit la coupe, s'il prend l'affolante créature qui s'offre à lui, il se verra aussitôt rejeté dans les ténèbres. La sentence, terrible, tombera alors : « Tu as triomphé de la mort, du feu, de l'eau, mais tu n'as pas su te vaincre toi-même. Tu es tombé dans l'abîme de la matière. Qui vit esclave de ses sens, vit dans les ténèbres. Tu as sauvé ta vie, mais tu as perdu ta liberté. Tu resteras à jamais esclave du temple ou tu mourras. »

Si, au contraire, l'heureux mortel refuse le breuvage, résiste à la tentation, une escorte de douze néocores munis de flambeaux à la flamme vive vient et le conduit au Saint des Saints, le sanctuaire d'Isis, où l'accueillent les prêtres de la déesse trônant en hémicycle face à une statue monumentale de la déesse, rose d'or de la pureté à la poitrine, diadème à sept pointes au front, et, dans ses bras, Horus le fils divin d'Osiris.

L'hiérophante fait alors prononcer à l'impétrant les serments de soumission et de silence « sous peine de mort ».

Une fois qu'il a prononcé ces paroles solennelles, l'hiérophante et chaque prêtre le saluent « en frère et en futur initié ».

En effet, seulement en « futur élu », car le nouveau venu n'en a pas terminé. Il lui faut passer désormais des petits aux grands mystères, percer les arcanes de la mort et de la résurrection. Pour l'heure, il n'est encore qu'au seuil du temple de Lumière.

De longs mois, de longues années d'études lui seront demandés avant qu'il soit admis à franchir la dernière étape.

Au sein du temple, qui est aussi vaste que la ville même, il doit étudier les sciences physiques, les hiéroglyphes, l'histoire de l'homme et des peuples, la médecine, l'architecture, la musique sacrée. Il doit de surcroît consacrer de longs moments à la méditation. Il lui faut apprendre et acquérir toutes connaissances afin de s'édifier lui-même. Dans le même temps, il est soumis à des règles draconiennes qu'il ne peut enfreindre sous aucun prétexte. Il doit une obéissance absolue à l'autorité, bien qu'il n'en reçoive aucune aide dans son étude, si ce n'est de sempiternelles exhortations à la patience et au travail. « Ne hâte pas l'éclosion de la fleur de vie », entend-il. Ou encore : « La vérité ne se donne pas. On la trouve en soi ou on ne la trouve pas. »

Ce lourd corpus de connaissances acquises, il affronte la dernière épreuve, le passage par la mort. Au crépuscule, il est conduit dans la crypte aux quatre piliers que soutiennent quatre sphinx. Au milieu, un sarcophage en marbre est ouvert dans lequel il doit s'allonger tandis que des chants funèbres se font entendre. Peu à peu, il atteint un état second, il sort de son enveloppe corporelle. Devant ses yeux, se dessine l'étoile lumineuse à cinq branches dans un halo aux sept couleurs de l'arc-en-ciel. La rose d'Isis, la fleur symbole de sagesse, s'épanouit et la déesse apparaît, enveloppée de voiles transparents. « Appelle-moi et je viendrai », lui souffle-t-elle. Puis elle disparaît, et le mortel redescend peu à peu dans son être physique. Il est passé par la mort et est ressuscité.

Il est désormais admis dans la lumière d'Osiris.

À son retour de la crypte, ses frères l'accueillent pour des agapes au cours desquelles il doit raconter son voyage dans la mort, puis le maître du temple lui délivre d'ultimes secrets, telle la vision d'Hermès, dont aucun écrit ne doit exister[1].

1. Édouard Schuré fait observer que, des premiers pas de l'initiation à l'ultime étape du sarcophage, le cheminement du profane, succession de galeries, de couloirs ascendants et descendants, correspond à la

Il est dès lors « l'initié », il est celui qui sait. Il est celui à qui ont été révélés les sens secrets du *Livre des morts*, ce rouleau de papyrus que l'on place sous la nuque de la momie et qui doit lui servir de guide tout au long de son voyage dans l'au-delà. Il est celui à qui est éventuellement faite la révélation que, comme l'écrit l'égyptologue français Gaston Maspero, « la théorie ésotérique est monothéiste dès ces temps très anciens de l'empire », les dieux multiples n'étant que « les membres de Celui qui est le Un Unique ». Ce « Un Unique » ou « le Grand Architecte qui existait avant toutes choses » selon un hiéroglyphe du temple de Khargeh. Message radicalement subversif dans le monde de l'époque où la multiplicité des divinités fonde la croyance commune, intangible. Aussi comprend-on aisément que, plus que toute autre, cette révélation ait dû être tenue secrète.

Mais le nouvel affilié est aussi le mortel qui a su psalmodier, « d'une voix juste », c'est-à-dire à l'intonation et à la note près, la litanie des nombreux noms et attributs de la divinité.

Ce serait là d'ailleurs l'un des plus importants secrets, nous apprend le hiérogrammate – scribe des affaires relevant du sacré – Chérémon d'Alexandrie, car invoqué dans les bonnes formes sacramentelles, le dieu interpellé ne pourrait pas se dérober et devrait satisfaire toute requête exprimée selon le rite. Le pouvoir secret de l'initié serait ainsi, avant tout, celui de convoquer la divinité, dont « il connaît les noms, d'une voix juste » afin qu'elle l'aide à passer les épreuves de la mort, à combattre les monstres et les forces maléfiques des ténèbres.

Dès lors, il sait aussi l'appeler pour que soient exaucées ses attentes, ses aspirations, qu'elles soient inspirées par le

---

structure intérieure de la grande pyramide. Il y voit une preuve que celle-ci « devait servir aux cérémonies de l'initiation et aux pratiques secrètes des prêtres », et non, comme le veut encore une opinion répandue, à la sépulture des rois ou pharaons.

bien ou le mal. Au IIIe siècle de notre ère, Porphyre de Tyr, philosophe néoplatonicien, imprégné de christianisme, déplore que le dieu invoqué se révèle plus faible que le mortel. Il écrit : « Je suis profondément troublé à l'idée que les dieux ne refusent point de servir de guides à des hommes sans moralité, aux premiers venus, dans des voluptés illicites. »

Il n'en reste pas moins que, par cette modification de sa relation avec la divinité, l'homme prend en main son propre destin. Et l'on comprend de ce fait que le secret puisse être, comme la langue d'Ésope, la meilleure ou la pire des choses selon l'usage qui en est fait. La meilleure, s'il protège un savoir sacré, fruit d'une exigence morale et intellectuelle. La pire, s'il ne sert qu'à couvrir des « voluptés illicites ». On comprend aussi que, autour de ce pouvoir de convoquer la divinité, vont se constituer des communautés, des sociétés secrètes vouées plus volontiers aux ténèbres qu'à la lumière.

Le mortel qui prend place aux agapes fraternelles à la fin de son parcours initiatique est désormais membre à part entière de la « société secrète » des instruits dans la lumière d'Osiris. De ce jour, il aura sa place dans les cortèges solennels du pharaon. Dans l'ordre protocolaire les initiés viennent après les dignitaires de la maison royale, les collèges sacerdotaux et précèdent les corporations reconnaissables à leurs emblèmes et à leurs bannières.

En effet, à cette période de l'Égypte ancienne, si la science, la connaissance osirienne sont soumises au secret absolu, l'appartenance à la communauté des élus ne l'est nullement. Mieux, elle se revendique et s'affiche. Au XVIIIe siècle dans les commencements de la franc-maçonnerie, on assistera à de semblables processions de frères à travers la ville de Londres.

3

La déesse et le mathématicien

Tel n'est pas le cas, en Grèce, pour l'initié aux mystères d'Éleusis. Là, « de retour chez lui, rendu à ses activités familiales, professionnelles, civiques, rien ne le distinguait ni de ce qu'il était auparavant ni de ceux qui n'avaient pas connu l'initiation. [...] Il revient à la cité et s'y réinstalle pour y faire ce qu'il a toujours fait sans que rien en lui soit changé, sinon sa conviction d'avoir acquis, à travers cette expérience religieuse, l'avantage de compter, après la mort, au nombre des élus : dans les ténèbres, il y aura encore pour lui lumière, joie, danses et chants[1]. »

Toutefois, si rien ne le distingue des mortels, il n'en est pas moins lié par le serment de garder – toujours sous peine de mort – le secret sur ce qui lui a été révélé, ce qu'il a vu, entendu, fait ou subi dans la dernière phase de l'initiation, celle qui se déroule à l'abri des regards profanes dans l'enceinte même du sanctuaire de la déesse-nature Déméter.

Les initiés, rendus à l'anonymat de la cité, peuvent néanmoins se reconnaître entre eux au moyen de signes – ou symboles – dont un mot de passe qui leur est enseigné lors de leur initiation.

---

1. VERNANT (Jean-Pierre), *Mythe et religion dans la Grèce ancienne*, Éditions du Seuil, 1990.

Cette pratique de reconnaissance se retrouvera au cours de l'histoire dans la plupart des sociétés secrètes.

Déméter, déesse « à la faucille d'or et aux beaux fruits[1] », divinité majeure du panthéon grec (et romain sous le nom de Cérès) a entre autres attributions celle de veiller au déroulement et à la succession des saisons. Elle est la force fertilisante de la nature, la divinité « du blé et des fruits de la terre ». Cela fait d'elle, aux yeux des mortels, une entité bienveillante que l'on a soin d'honorer avec une ardeur particulière tant on est convaincu que la prospérité générale, la générosité ou l'indigence des récoltes dépendent d'elle.

Déméter a une fille, Perséphone. La tradition la décrit comme « la jeune fille aux belles chevilles et au teint rose ». Elle est d'une grande beauté, comme il se doit. Hadès, qui règne sur les Enfers, en tombe amoureux. Il brûle du désir de la posséder. Étourdiment, Zeus, le dieu tutélaire de l'Olympe, l'autorise à ravir Perséphone. Il néglige cependant d'en informer sa mère, « Déméter à la belle couronne ». Hadès enlève de force Perséphone et, insensible à ses pleurs, à ses cris horrifiés, l'entraîne dans les profondeurs hostiles du monde d'en bas.

Tout comme Isis à la recherche d'Osiris, Déméter parcourt ciel et terre pour retrouver sa chère fille dont elle ignore évidemment le sort. Sa quête la conduit à Éleusis, cité des environs d'Athènes où, fort déprimée selon Homère, prenant les traits d'une vieille femme, elle décide de se poser. Aussi révoltée que désespérée, elle refuse de remonter sur l'Olympe. Par dépit et par vengeance, elle délaisse ses devoirs et voilà que les saisons ne se succèdent plus, que la nature s'endort et ne donne plus de quoi nourrir hommes et bêtes. Déméter a en effet subtilisé toutes les semences, rendu infertile tout ce qui pouvait l'être. La famine menace. Pire, faute

1. VAN HEEMS (Gilles) et WYLER (Stéphanie), *Les Grands Mythes antiques. Textes fondateurs de la mythologie gréco-romaine*, Librio, 2008, nouvelle édition 2015.

d'animaux domestiques à immoler, le mortel n'est plus en mesure d'offrir des sacrifices aux dieux. Grand désarroi chez les Olympiens. Zeus s'émeut, interroge Déméter qui lui livre la cause de ce profond malheur, le rapt de sa fille Perséphone. Bien que Zeus, dans une colère toute divine, l'exhorte à reprendre son office, elle tient bon et refuse toujours de regagner l'Oplympe, de redonner à la nature sa fertilité.

Alors, Zeus intervient auprès d'Hadès et lui ordonne de libérer la jeune et belle captive. Hadès ne peut s'opposer à la volonté olympienne. Il relâche Perséphone. Toutefois, avant de la rendre à sa mère, il lui offre en friandise des graines de grenades. Or, ces graines ont un pouvoir particulier. En les absorbant, Perséphone s'enchaîne pour toujours à Hadès près de qui, aux Enfers, elle devra revenir passer le dernier tiers de l'année. Ce dernier tiers du cycle annuel durant lequel Déméter, la Déesse mère, la déesse-nature, en signe de deuil et de révolte, laissera la végétation en sommeil. C'est ainsi que serait né l'hiver, saison morte où rien ne pousse.

Avec la légende de Déméter, nous retrouvons le grand thème du mythe égyptien d'Isis-Osiris dont elle est inspirée : le pouvoir qu'a la divinité bienfaisante de faire revenir à la lumière l'être perdu, enlevé et emporté dans la mort ou dans les Enfers par une puissance des ténèbres, thème dont le corollaire est évidemment celui de la résurrection et du nécessaire passage par la mort pour atteindre dans l'au-delà la félicité promise aux élus. Nous retrouvons aussi l'opposition irréductible entre les forces bienveillantes et les puissances maléfiques et séductrices des ténèbres dont les armes sont violence, sexe et mort. D'après la légende, ce sont les filles de Danaos – les Danaïdes – qui ont introduit le mystère égyptien d'Isis-Osiris en Grèce, à Argos, où elles avaient trouvé refuge.

La quête des mystes est identique à celles des adorateurs d'Isis-Osiris : accéder aux secrets sans lesquels le défunt ne parviendra jamais à vaincre les ténèbres et à obtenir le droit à une autre vie après la mort, une vie de sérénité et de joie.

Comme pour le culte égyptien, les mystères d'Éleusis ont une dimension politique assumée. L'archonte – l'autorité civile supérieure – en est le maître organisateur et le garant. Des décrets officiels en fixent les modalités. Ces mystères d'Éleusis, ainsi officiellement reconnus par la cité, sont organisés sous son contrôle et sa tutelle. « Ils restent cependant en marge de l'État », écrit Jean-Pierre Vernant, « par leur caractère initiatique et secret, par leur mode de recrutement ouvert à tous les Grecs et fondé non sur un statut social mais sur le choix personnel des individus[1]. » En fait, le recrutement est ouvert non seulement à « tous les Grecs » – à condition qu'ils n'aient pas été reconnus coupables de crimes –, mais plus largement à tout individu parlant le grec.

À l'instar du culte osirien, les mystères d'Éleusis ont un retentissement et un rayonnement exceptionnels tant par la longévité que par l'étendue géographique de leur influence. On vient aux mystères de toute la Grèce et au-delà. Des délégations étrangères y sont officiellement représentées. Leur succès populaire tient évidemment au point évoqué plus haut : leur ouverture à quiconque fait la démarche volontaire d'intégrer l'initiation.

À cet égard, les cultes éleusien et osirien présentent un étonnant caractère de « modernité » par leur recrutement que l'on pourrait qualifier de « démocratique ». Si ces cultes génèrent une élite, elle est *a posteriori* une élite du savoir, de la connaissance sacrée laborieusement acquise, et non une élite *a priori* sociale de lignage ou de corporation.

Les récits du temps décrivent la foule joyeuse de la procession qui, au printemps, se rend d'Athènes à Éleusis à chaque nouvelle édition des grands mystères, racontent le bain rituel sur le rivage de Phalère, une des « épreuves »

1. VERNANT (Jean-Pierre), *op. cit.*

auxquelles le postulant doit se soumettre. Celui-ci assistera, à Éleusis même, à des représentations, à des allégories évoquant la légende de Déméter, car pour une part importante l'initiation se déroule devant la foule. Ce n'est qu'en dernier lieu, dans l'antre du sanctuaire, que les ultimes secrets lui seront révélés. Secrets particulièrement bien gardés puisqu'ils n'ont jamais été percés à jour, bien que des hypothèses – dont certaines relèvent de la pure fantaisie – aient pu être avancées.

« Si les mystères ont gardé leur secret, on peut cependant aujourd'hui tenir quelques points pour assurés. Il n'y avait à Éleusis aucun enseignement, rien qui ressemble à une doctrine ésotérique. Le témoignage d'Aristote est décisif à ce sujet : “Ceux que l'on initie ne doivent pas apprendre quelque chose mais éprouver des émotions et être mis dans certaines dispositions[1].” »

Par « certaines dispositions » on doit entendre « certains états ». États de transe par exemple. Nous retrouvons la succession de ceux mentionnés dans le cadre de l'initiation osirienne : stupéfaction, effroi, puis ravissement. Ou encore selon une autre formulation en vigueur mentionnée par Schuré : « terreur, pieux enthousiasme, sérénité lumineuse ». Il n'est pas exclu que par de tels états seconds, poussés à leur paroxysme artificiellement[2] ou naturellement, le myste soit mis en capacité d'intégrer des vérités ésotériques qui lui seraient alors révélées par ce moyen et non par un enseignement *sticto sensu*.

Ces transes occupent dans certains cultes, celui de Dionysos en particulier, une place prépondérante, jusqu'à supplanter toute préoccupation de transmission de connaissances, secrètes ou non, par l'enseignement. Le secret porte alors davantage sur la pratique cultuelle elle-même, souvent déviante, que sur le contenu spirituel, qui parfois aura

1. *Ibid.*
2. On a pu évoquer le recours à des drogues à base de blé fermenté.

d'ailleurs totalement disparu. C'est ce qui se produit lorsque, historiquement, la déraison dionysiaque l'emporte sur la sagesse apollinienne. Apollon, divinité de l'harmonie, de l'ordre, de la mesure ; Dionysos, divinité de la force vitale et de ses désordres, l'extase, l'ivresse, la débauche. La cité grecque idéale reposerait sur la coexistence équilibrée de ces deux forces.

Une autre évolution du culte vers des pratiques plus sensuelles que spirituelles repose sur ce que nous avons évoqué plus haut : la docilité obligatoire des dieux face aux prières des mortels pour peu qu'elles soient émises dans les formes rituelles. Cette interprétation doctrinale ouvre évidemment la porte à tous les délires humains – trop humains – que l'on peut imaginer.

Nous avons mentionné la longévité extraordinaire, séculaire, voire millénaire des cultes osiriens et éleusiens. Il n'est pas douteux que sur d'aussi longues périodes, au gré des fluctuations sociales, morales, culturelles des cités, au cours des phases de gloire et de décadence qu'elles ont connues, le contenu et le déroulement des rites aient eux-mêmes subi des évolutions, des adaptations que les puristes et les moralistes, et plus généralement les philosophes, ont très tôt considérées comme des déviances ou des perversions. Déviances et perversions qui ont généré des cultes parallèles et d'autres sociétés, davantage clandestines que secrètes.

Une autre « dérive » s'ajoute dans ce cas aux précédentes : la fonction du secret n'est plus tant la protection d'une révélation ésotérique que le moyen d'assurer la clandestinité, l'impunité de pratiques condamnées par les mœurs ou la loi, ainsi que la totale soumission des adeptes, enchaînés par ce secret même et la menace de mort qui plane sur eux s'ils manquent à leur serment. Ce n'est plus d'ailleurs de culte du secret dont en devrait parler ici, mais de loi du silence.

Il fallait de longs mois, voire de longues années d'études et de réflexion au postulant à l'initiation osirienne avant que lui soit ouvert l'accès à l'enseignement ésotérique. On lui imposait d'acquérir préalablement un corpus de connaissances, exotériques pour la plupart, avant d'aller plus avant. En parallèle à la pureté de l'intention, une solide formation intellectuelle, culturelle était exigée de lui. Tel n'est plus le cas lorsque l'enjeu n'est plus la connaissance suprême, l'approche du sacré, mais seulement la clandestinité.

Ces évolutions ne sont pas sans conséquence sur le recrutement de telles sociétés. On se doute que leurs pratiques licencieuses ne sont pas de nature à attirer en priorité des individus épris de spiritualité. « Pataecion, ce fameux voleur, obtient l'initiation », se cabre Diogène, tout en soulignant que « Épaminondas et Agélisas ne la sollicitèrent jamais. »

On connaît par ailleurs la justification intellectuellement imparable que donne Socrate pour avoir refusé maintes fois d'être instruit des mystères d'Éleusis. « Si les Mystères sont mauvais », argumente-t-il, « je ne pourrai pas m'empêcher de les déclarer tels à ceux qui ne sont pas initiés afin de les en écarter ; s'ils sont bons, au contraire, je m'empresserai, par humanité, de les faire connaître à tout le monde. »

Nous avons ici une critique radicale de la règle du secret. Elle vaut interrogation pour toute société secrète de tous les temps revendiquant un but humaniste. En outre, la sentence de Socrate nous indique que, au Ve siècle avant notre ère, au sein de communautés et de cités où l'explication du monde est encore essentiellement théologique, ces rites, ces cultes ne font pas l'unanimité des élites et que, pour certains penseurs, l'excellence intellectuelle, spirituelle peut être recherchée et atteinte en dehors des initiations et de ces sociétés.

Dans ce registre, bien avant, au VIe siècle, apparaissent Pythagore et les pythagoriciens.

Pythagore serait l'inventeur du mot philosophe. Il est vrai qu'un terme nouveau s'imposait pour qualifier sa méthode, sa doctrine et son enseignement, si différents de ce qui avait cours avant lui.

C'est une tentative d'explication globale de l'univers et de l'homme que lui et ses continuateurs initient. La dévotion aux divinités, les rites purement liturgiques n'y ont pas la place prépondérante. Dans une démarche que l'on a pu qualifier de laïque, le religieux s'efface devant la recherche, l'analyse, la démonstration, l'expérimentation. Bref, on y aborde la science et la connaissance selon des conceptions proches de celles que nous avons aujourd'hui. Cependant, s'il est un culte qui, par rapport à ceux des mystères osiriens ou éleusiens, perdure chez Pythagore et ses adeptes, c'est bien celui du secret, et si le spectre de la recherche, de la réflexion est ouvert, cette recherche et cette réflexion s'opèrent au sein d'une communauté élitiste et restreinte. Aussi a-t-on pu qualifier l'école pythagoricienne d'hétairie[1], ou encore de secte. Une restriction élitiste d'ailleurs parfaitement assumée par le maître. « Tout bois n'est pas propre à faire un Mercure », professe-t-il. De plus, selon lui, le gouvernement de la cité ne doit être confié qu'à une aristocratie, une oligarchie intellectuelle, spirituelle, opinion que l'on retrouvera chez Platon, notamment dans son traité *La République*, où il est dit en substance que tant que les philosophes ne seront pas les souverains, ou que les souverains ne seront pas véritablement philosophes, « il n'y aura aucune cesse aux maux de la Cité ». Cette approche politique est évidemment subversive, qui renvoie dos à dos la monarchie et la démocratie telles qu'Aristote les définira plus tard ; et l'on comprend que son enseignement puisse être protégé par le secret. Cela est une première explication à cet impératif.

« Vue d'en haut, ouverte avec les clefs de l'ésotérisme comparé », écrit Édouard Schuré, « la doctrine pythagoricienne présente un magnifique ensemble, un tout solidaire dont les parties sont reliées par une conception

1. Chez les Grecs, association secrète à visée politique.

fondamentale. Nous y trouvons une reproduction raisonnée de la doctrine ésotérique de l'Inde et de l'Égypte à laquelle il donna la clarté et la simplicité hellénique en y joignant un sentiment plus énergique, une idée plus nette de la liberté humaine[1]. »

« Reproduction raisonnée », précise-t-il, ce qui implique que, dans l'approche pythagoricienne, ces doctrines puissent être passées au crible du raisonnement, de l'analyse, et non plus seulement dogmatiquement affirmées et perpétuées. Cette fois, c'est sur le plan religieux que la conception devient subversive. Autre justification de la nécessité du secret.

---

1. Schuré (Édouard), *op. cit.*

4

Secrète, visionnaire, élitiste : l'école pythagoricienne

La vie même de Pythagore est assez mal connue. Ou plus exactement, ce que l'on croit en connaître est l'objet de controverses. Selon Jamblique, auteur de *Vie de Pythagore*, le maître aurait satisfait à toutes les initiations des cultes de l'époque. Il aurait passé quelque vingt-deux années en Égypte où il aurait été initié aux secrets des cultes osiriens, puis il aurait été contraint de s'exiler – ou aurait été déporté – à Babylone où, pendant une douzaine d'années, il aurait été instruit dans les cultes et doctrines d'Asie Mineure issus du zoroastrisme.

De retour en Grèce, à Samos, lieu de sa naissance, il aurait fait le tour des sanctuaires grecs de quelque importance avant de s'installer un temps à Delphes où il aurait eu pour disciple ou élève la grande pythonisse Théocléa. Delphes dont le temple porte la sentence : « Connais-toi toi-même et tu connaîtras l'univers et les dieux », rendue célèbre par le raccourci de Platon, « Connais-toi toi-même », qui ouvre le champ à une interprétation touchant davantage à la psychologie qu'à la théogonie.

De crainte que sa pensée et son enseignement ne soient interprétés comme des ferments de révolte contre les archontes des grandes cités hellènes, il aurait décidé de prendre ses distances, et c'est à Crotone, ville grecque à l'époque mais située sur le golfe de Tarente, au sud de l'Italie que, en 530 av. J.-C., il établit son institut.

Ce dernier se présente à la fois comme un lieu d'éducation, une Académie des sciences et une cité modèle. Une statue d'Hermès en garde l'entrée avec cette injonction gravée dans le marbre : « Arrière, profanes ! »

Le ton est donné.

Le postulant est admis au gymnase et dans l'arène où il s'adonne à des exercices physiques, la course, le lancer de javelot, la simulation de combat et non pas le combat véritable, le corps à corps alors en vogue dans toute la Grèce, mais qui, selon le mentor, ne développe chez le garçon que haine et orgueil.

Le maître observe avec attention tout nouveau venu. Il étudie ses gestes, sa parole, ses attitudes. Il passe pour être l'inventeur de la morphopsychologie. Il écoute particulièrement le rire, car il pense que le rire dit ce qu'on est en profondeur. « Aucune dissimulation ne saurait embellir le rire d'un mauvais », dit-il.

Après quelques mois, le postulant est conduit dans une caverne où, une nuit entière, il doit affronter des monstres fictifs. S'il tient bon, il passe à l'épreuve très importante de l'amour-propre. On l'isole dans une cellule triste et nue, une ardoise en main et la mission de découvrir le sens quasi introuvable d'énigmes typiquement pythagoriciennes du genre : pourquoi le dodécaèdre compris dans un cercle est-il le chiffre de l'Univers ?

Le jeune homme demeure douze heures dans cette cellule, avec seulement une cruche d'eau et du pain sec. Puis il comparaît devant la communauté où il doit subir railleries et moqueries pour n'avoir pas su résoudre une énigme incompréhensible. S'il ne subit pas ces humiliations avec sang-froid, il est immédiatement exclu. Nombre de ceux qui eurent à subir cette exclusion brutale devinrent d'irréductibles ennemis de l'institut. L'un d'entre eux, Cylon, sera d'ailleurs l'artisan de la ruine de la communauté de Crotone.

Le candidat qui sait affronter l'épreuve avec dignité est admis au noviciat. Il accède ainsi au premier degré de l'initiation : la préparation. Trois autres degrés viennent ensuite : purification, perfection, épiphanie.

Ce premier stade dure entre deux et cinq ans. Le novice doit observer le silence, sauf dans de rares moments de détente. Pythagore considère que laisser la jeunesse s'adonner à la dialectique avant de lui avoir donné « le sens de la vérité » n'aboutit qu'à fabriquer des « têtes creuses et des sophistes prétentieux ».

La base de l'enseignement du noviciat est la connaissance de la puissance de la musique et du nombre. « Tout est nombre », enseigne Pythagore. À commencer par la musique. Le nombre est le secret des choses et la clef de l'Univers est cachée dans les lignes géométriques et la science des nombres, professe-t-il. Le nombre, vertu intrinsèque et active de l'Un suprême où se fond le principe ternaire, ce nombre « trois » qui règne partout dans l'Univers – pensée créatrice, fluide astral, mondes en évolution – et en l'homme même – âme, esprit, corps. La conscience est le « un », la monade où s'unifient toutes les facultés de ces trois éléments. Tout ainsi concourt au Un suprême, et le pythagorisme rationalise en fait l'intuition ancienne, osirienne, mais occulte et intuitive, du monothéisme.

L'observation, l'expérimentation sont les outils de la connaissance émancipée des *a priori* théologiques. Les pythagoriciens ont l'intuition intellectuelle proprement révolutionnaire que l'étoile du matin et celle du soir sont la même, et en conséquence, que la Terre est ronde.

Après le maître, au IIIe siècle avant notre ère, Aristarque de Samos, un continuateur de l'école pythagoricienne, arrive à la conclusion que l'espace est beaucoup plus vaste qu'on ne l'a imaginé jusqu'alors, et, surtout – avancée extraordinaire – que la Terre tourne autour du Soleil et qu'elle tourne elle-même sur son axe… quelque quatorze siècles avant Copernic !

Cependant, la cosmogonie pythagoricienne demeure liée à la théologie. Ainsi les planètes sont-elles désignées comme les « Chiens de Proserpine », référence à la déesse qui préside à l'incarnation des âmes, âmes dont le chien mythologique Cerbère a la garde. De même, la Grande Ourse et la Petite Ourse sont appelées « les Mains de Rhéâ-Kybélé » ; elles sont la lumière astrale, la divine épouse de l'Esprit créateur, du feu originel universel.

Le noviciat terminé, l'élève est admis symboliquement à franchir le seuil de la demeure du maître. Il lui faudra passer encore de longues années dans ce sanctuaire, menant une existence très rigoureusement encadrée et réglementée, perçant un à un les arcanes du quadrivium pythagoricien : arithmétique, arithmétique sensible (musique), géométrie, astronomie (géométrie sensible). La journée de l'élève est aussi strictement programmée que celle d'un moine ou de l'adepte d'une secte, du réveil – chaque réveil doit être vécu comme une renaissance – au coucher.

Hymnes et danses doriens dès l'aurore, ablutions, promenade silencieuse et méditative dans le temple, leçon du maître, puis, à midi, où l'astre solaire est au zénith, incantations, repas de pain, de miel et d'olives. L'après-midi est consacré aux exercices du stade, puis de nouveau à l'étude et enfin à la méditation, au travail mental silencieux sur la leçon du matin. Après le coucher du soleil, derniers hymnes aux dieux cosmogoniques. La viande et les fèves sont proscrites de l'alimentation. Si le mariage est considéré comme un état saint pour l'homme, la chasteté est regardée comme une victoire sur soi, un idéal de vie. Le précepte en vigueur sur ce sujet est des plus clairs : « Ne cède à la volupté que lorsque tu consentiras à être inférieur à toi-même. »

L'enseignement du maître est d'une extrême exigence. On ne peut prétendre à la qualité d'adepte qu'à la condition d'avoir atteint les trois perfections requises pour se voir investi de la vérité suprême. Ces trois perfections sont la vérité dans l'intelligence, la vertu dans l'âme, la pureté dans le corps. Nous retrouvons ici ce qui constitue, sur un autre plan, la tétrade sacrée : âme, esprit, matière, les trois éléments consubstantiels de l'Un unique, de la divinité en laquelle se fondent toutes divinités. Affirmation qui, nous l'avons mentionné, préfigure le monothéiste.

Pourtant la conception monothéiste est déjà également présente dans l'initiation secrète du culte d'orphisme. Orphée professe : « Consume ton corps par le feu de ta pensée ; détache-toi de la matière comme la flamme du bois qu'elle dévore. Alors ton esprit s'élancera dans le pur éther des Causes éternelles, comme l'aigle au trône de Zeus. [...] Je vais te révéler le secret des mondes, l'âme de la nature, l'essence de dieu. Écoute d'abord le grand arcane. Un seul être règne dans le ciel profond et dans l'abîme de la terre, Zeus tonnant, Zeus éthéré[1]. »

S'étant élevé à cette plénitude de l'être, l'adepte pythagoricien peut puiser en lui l'énergie de pouvoirs nouveaux, magiques, développer une puissance en apparence miraculeuse. Il peut éventuellement guérir des maladies, capter la pensée d'autrui, voir des événements auxquels ils n'assistent pas. Ainsi, le philosophe magicien, héritier du pythagorisme, Apollonios de Tyane « voit » se perpétuer en direct l'assassinat de l'empereur Domitien, à Rome, en 96, alors que lui-même se trouve à Éphèse, dispensant son enseignement devant des dizaines d'auditeurs. Il est midi, il parle, s'interrompt soudain, paraît absent, puis déclare : « Le tyran a été tué aujourd'hui. » Et de préciser : « Au moment même où je me suis interrompu, le tyran était assassiné. » Lorsque l'information arrivera de Rome, elle ne fera que confirmer au détail près l'événement décrit par Apollonios.

1. SCHURÉ (Édouard), *op. cit.*

Si l'enseignement pythagoricien parvient effectivement à doter le disciple de telles facultés, de tels pouvoirs, il est aisé de comprendre, une fois encore, pourquoi la communauté des postulants et des adeptes doive être organisée en société secrète, voire en secte, et la loi du silence imposée à tous.

Il arrive que le novice, ne parvenant pas à se plier à une discipline aussi exigeante et rigoureuse, renonce et quitte le temple. Alors, on lui érige une sépulture, symbole de sa mort, puisqu'il a choisi de s'en « retourner à la vie mauvaise parmi les hommes ». « Son âme est morte », dit le rituel conçu par le maître, « pleurons-la ». Cependant, si certains postulants ont pu renoncer, les annales du temps ne mentionnent qu'un seul cas de trahison du secret, sans toutefois préciser quelles suites furent données à cet inexpiable manquement.

La doctrine pythagoricienne fait une place considérable à la musique. La raison en est la valeur à la fois éthique, médicale et cosmologique que le maître y décèle. Il a coutume de commencer l'éducation par cet art parce que, selon lui, certaines mélodies et certains rythmes influent favorablement sur « le caractère et les passions des hommes, contribuent à ramener l'harmonie entre les facultés de l'âme ». L'adage selon quoi la musique adoucit les mœurs serait donc un pur concept pythagoricien. Quant à la dimension cosmologique de la musique, le philosophe de Crotone la voit dans le calcul des distances entre les orbites du Soleil, de la Lune et des étoiles fixes, distances qui correspondraient aux proportions réglant les intervalles de l'octave, de la quinte et de la quarte. De là découle la conception pythagoricienne de l'ordre de l'Univers, le *kosmos* – mot dont certains auteurs prêtent également l'invention au maître.

Si son enseignement entend embrasser toute l'étendue des connaissances humaines, des aptitudes intellectuelles et spirituelles, livrer une explication hyperbolique du monde, la doctrine débouche, en bonne logique, sur une organisation politique aux antipodes de ce que nous appelons aujourd'hui la démocratie.

À la même époque, vers 540 av. J.-C., le poète Théognis de Mégare, membre de la haute noblesse, se voit exilé de sa patrie pour s'être fait, dans ses élégies, le défenseur d'une éthique aristocratique établissant une distinction entre la morale des maîtres et la morale des esclaves. Conception assez pythagoricienne, sans aucun doute. Nietzschéenne aussi. D'ailleurs, c'est à ce poète grec que le jeune Friedrich Nietzsche dédie le dernier devoir en latin de sa scolarité dans la prestigieuse institution de Pforta qu'il quitte peu après pour la faculté de théologie de Bonn.

À Crotone, où il exerce son ministère durant environ trente ans, Pythagore renforce le système aristocratique existant. Un Conseil des Mille – constitué des grandes familles – tient les rênes du pouvoir. Puis, réformateur éclairé, certes, mais aussi quelque peu autocratique, il le fait chapeauter par un Conseil des Trois-Cents. Si ses membres sont issus de la précédente assemblée, ils appartiennent tous, sans exception, au collège des initiés au dernier grade de son propre institut. Que certains aient vu là une entreprise de confiscation du pouvoir – de tous les pouvoirs, civils, administratifs et religieux – ne saurait surprendre.

De plus, à l'époque, l'école pythagoricienne a essaimé bien au-delà de Crotone. De nombreuses villes du littoral sud de l'Italie ont été gagnées par ces réformes de fond. L'école constitue en fait un véritable ordre politico-philosophique, formant une sorte de cité dans la cité comme on parle d'un État dans l'État. Il faut bien admettre que dans son mode de fonctionnement et sa règle absolue du secret, nous ne sommes pas loin ici du modèle dont s'inspireront nombre de sectes au cours des âges. Sans qu'aucune d'elles atteigne, ni même approche, le haut niveau de science et de conscience exigé par le maître, qui compte parmi les Sept Sages de la Grèce antique.

Si nous avons assez peu d'éléments attestés concernant la vie même de Pythagore, l'hypothèse la plus vraisemblable de sa mort est qu'elle serait survenue à Métaponte, autre ville du golfe de Tarente, en 497 av. J.-C. Pythagore se serait réfugié là au sein d'une communauté de ses adeptes pour s'éloigner des menées hostiles des tenants de la démocratie à Crotone.

À Sybaris, en 510 av. J.-C., Télys, chef du parti démocratique, lance une attaque sanglante contre les pythagoriciens, favorables, eux, à l'oligarchie, au pouvoir aristocratique. Les pythagoriciens sont massacrés. Les aristocrates sybarites fuient et se réfugient à Crotone. S'ensuit une guerre ouverte, sans doute à l'instigation de Pythagore lui-même. Milon de Crotone l'emporte sur les Sybarites qui, à leur tour, sont massacrés. Leur cité est rasée.

Pour autant, le parti démocratique ne désarme pas. La quiétude qui lui est nécessaire étant compromise, Pythagore quitte Crotone. Il va passer les dernières de sa vie au sein de sa communauté de Métaponte.

Vers 450 av. J.-C., les pythagoriciens de Crotone subissent une nouvelle attaque violente. Elle est menée par Cylon, qui s'est vu refuser jadis l'admission à l'institut. Bourrelé de ressentiments, il fomente une émeute contre la communauté. Ainsi que les obédiences maçonniques n'auront de cesse de l'expérimenter, il n'est pire ennemi que celui qui se voit refuser l'entrée du temple après y avoir frappé en vain et s'être traîné à genoux pour s'y faire admettre.

Profitant de ce que les disciples de Pythagore sont rassemblés chez l'un des leurs, Milon, Cylon fait incendier la demeure. Tous périssent dans les flammes. Cela sonne l'amorce du déclin pythagoricien dans sa manifestation la plus visible : politique. Mais la doctrine ne va cesser d'exercer – de manière parfois plus occulte – une influence considérable, induisant une nouvelle vision du monde. Toute l'école platonicienne, son héritière, en est la très brillante et très populaire illustration.

Plus encore qu'une rivalité politique entre vision démocratique de la gestion de la cité et conception élitiste, aristocratique, oligarchique, c'est bien la révolution intellectuelle – et théologique – contenue dans le pythagorisme qui explique la violence des attaques dont ce courant de pensée, si florissant, a été la cible. Cette voie nouvelle et subversive a eu ses inquisiteurs et ses bûchers tout comme les premiers chrétiens ou les novateurs de la Renaissance auront les leurs.

5

Secrets de sang, de sexe et de mort

Même si les religions à mystères viennent à péricliter au fil du temps, comme l'expose Plutarque dans un traité étudiant les causes de ce phénomène, elles ne disparaissent pas totalement et perdurent le plus souvent dans leurs aspects les moins élevés. Ce qui d'ailleurs, selon le même auteur, explique en partie leur déclin.

Le récit d'Isis recréant artificiellement le sexe manquant d'Osiris et parvenant à lui redonner assez de vigueur pour en être possédé ne pouvait manquer d'exciter les imaginations et d'inspirer des cultes phalliques.

On évoque la représentation de scènes au cours des mystères reproduisant les pratiques « magiques » de la déesse pour redonner sa puissance génitrice au membre viril. Ces cérémonies seraient l'apanage d'initiées officiant nues.

Hérodote, et après lui Plutarque, parlent de processions exhibant à travers la cité un pénis géant, parfois animé. « Des femmes portent dans les bourgs et les villages des figures d'environ une coudée de haut dont le membre viril n'est guère moins grand que le reste du corps et qu'elles font remuer. Un joueur de flûte marche à leur tête. Elles le suivent en chantant les louanges du dieu. Mais pourquoi ces figures ont-elles le membre viril si peu proportionné et pourquoi ne remuent-elles que cette partie ? On en donne une raison sainte ; mais je ne dois pas la rapporter. » Hérodote, en digne adepte, ne trahit point le secret dont il est dépositaire. Plutarque livre quant à lui une explication au fait que le « membre viril a trois fois la grandeur ordinaire » : « Dieu est le principe par excellence », expose-t-il, « et tout principe multiplie, par génération, tout ce qui vient de lui. »

Par ailleurs, nous trouvons chez le même Hérodote cet épisode saisissant : « Il arriva quand j'étais en Égypte une chose étonnante dans le nome mendésien[1], un bouc ayant eu publiquement commerce avec une femme[2]. » Toutefois, à ce sujet, Plutarque émet un commentaire plus mesuré : « Les animaux s'en tiennent aux plaisirs et aux amours qu'ils peuvent goûter avec ceux de leur espèce. Il n'y a donc pas lieu d'être frappé d'admiration (*sic*) si, comme en Égypte, le bouc de Mendès, enfermé avec un grand nombre de femmes des plus belles, n'éprouve aucun désir et sent bien plus d'ardeur pour ses chèvres. »

En Égypte, les sacrifices humains sont proscrits. Le pharaon Amôsis sut les interdire. À Héliopolis, on avait coutume d'immoler trois enfants aux divinités. Amôsis les fit remplacer par des figurines de cire. L'esclavage sacré d'hommes et de femmes voués aux dieux dans leurs temples serait le succédané adouci de ces sacrifices humains. Esclavage féminin et masculin qui pourrait être également le prolongement, plus convenable du moins en apparence, de la prostitution sacrée en pratique dans les temples de l'Astarté phénicienne, « La Vénus orientale[3] ». Le service religieux de

---

1. La circonscription administrative de la ville de Mendès (N.D.A.).

2. Hérodote nous rapporte d'autres faits étonnants. Ainsi prenait-on soin de « ne remettre les femmes mortes, notamment les plus belles, à l'embaumeur que quatre jours au moins après leur décès afin qu'il ne puisse être tenté de les posséder ».

3. VIGOUROUX (Fulcran Grégoire), *Dictionnaire de la Bible*, Letouzey et Ané, 1895-1912.

ces prostitués, hommes et femmes consacrés à la divinité, consistait à offrir leurs corps aux adorateurs. Les prostitués mâles, que l'on appelait « les chiens », s'autolacéraient afin d'enrichir de leur sang l'offrande à la divinité. Cet héritage, s'il se perpétua en certains sanctuaires égyptiens et grecs, devint une pratique clandestine, hermétiquement protégée, une sorte de secret dans le secret.

En Grèce, la légende de Déméter d'où sont issus les mystères d'Éleusis ouvre également un champ de lectures érotiques quasi infini. Il en existe une multitude de récits, d'interprétations, d'analyses, d'Homère à Freud en passant par Clément d'Alexandrie et tant d'autres.

Perséphone est née des amours forcées de Déméter avec Zeus. La déesse se refusant à lui, tout maître de l'Olympe qu'il soit, il se transforme en un « puissant taureau », la prend et la féconde. Quant au fruit de cette étreinte, Perséphone, on sait qu'elle sera enlevée et possédée elle aussi contre son gré par Hadès, divinité des ténèbres. Puis, plus tard, par Zeus lui-même, sous la forme à la symbolique sexuelle limpide d'un serpent.

Aucun détail n'était épargné dans les mystères d'Éleusis au spectateur dans la représentation sacrée des amours forcées et brutales de Zeus sous la forme d'un taureau avec Déméter et sous la forme d'un serpent avec leur fille, Coré[1], explique Eugène Goblet d'Alviella qui fut, au début du XXe siècle, professeur d'histoire des religions à l'université libre de Bruxelles.

Tertullien, théologien converti au christianisme à la fin du IIe siècle de notre ère, se contente d'une version moins torride. Il se cantonne à rapporter que la prêtresse qui jouait le rôle de Déméter, et l'hiérophante qui représentait Zeus descendaient « dans une retraite obscure » et y demeuraient un moment… Si l'enlèvement de force était effectivement

1. Autre nom de Perséphone.

joué par les protagonistes, Tertullien ne précise pas si le public dans son ensemble, ou seulement les candidats à l'initiation, assistait à la consommation de ce mariage sacré – hiérogamie.

Strabon, historien et géographe du dernier siècle avant notre ère, rapporte quant à lui qu'un culte très proche de celui voué à Proserpine[1] était célébré dans une île près de Vannes, en Bretagne, par des femmes des tribus gauloises. Culte clandestin qui aurait donné lieu aux mêmes mises en scène et pratiques licencieuses.

Nous avons vu que Déméter, la mère de Perséphone, accablée et désespérée, se réfugie à Éleusis. Là, vieillie, anéantie, elle refuse de prendre le breuvage réconfortant à base d'orge et d'épices, le cycéon[2], que ses hôtes lui proposent. Le cycéon deviendra d'ailleurs la potion rituelle des mystères que le postulant devra prendre à la fin du jeûne préparatoire, lui aussi rituel.

Selon Homère, Déméter souffre alors de neurasthénie et refuse tout aliment. Baubô, la servante qui lui présente en vain le cycéon, parvient néanmoins à lui faire reprendre goût à la vie et à accepter la coupe par un procédé des plus inattendus : retroussant son vêtement, elle lui montre son sexe. Si l'on en croit en particulier Clément d'Alexandrie, un jeune garçon, Iacchos, apparaît alors dans la scène et « agite la main sous le sein de Baubô »... En écho à cet épisode, à Athènes et dans d'autres cités grecques, lors des fêtes célébrant la fécondité, on aura coutume de porter en procession des gâteaux ronds ou ovales percés d'un trou en leur centre, symbole on ne peut plus parlant, là encore. On imagine sans grande difficulté de quels autres jeux sexuels, dans la dramaturgie sacrée des mystères, la scène où la servante montre son

1. Perséphone chez les Latins (N.D.A.).

2. Préparation faite ordinairement avec du vin, de la farine d'orge grillée, du miel, de l'eau et du fromage.

sexe et où intervient une main caressante pouvait être le prétexte.

Extirpée de son état dépressif, revigorée par le spectacle offert par Baubô et abandonnant son apparence de vieille femme, Déméter va se donner à Céléus, le roi d'Éleusis, son hôte, union dont naîtra un fils, Eubule.

Il existe toutefois une version édulcorée de la scène selon laquelle, Baubô, la servante, aurait retroussé sa robe pour montrer, non pas son sexe, mais son derrière afin de dérider la déesse. Quant à la main du jeune Iacchos, elle n'aurait fait qu'applaudir[1]. Interprétation très tardive, *ad usum Delphini*, sans doute destinée aux collégiens hellénisants que l'on tenait à protéger de toutes mauvaises pensées.

Les amours des dieux copulant tous azimuts et forçant de belles mortelles, les extases de déesses se donnant à un bestiaire que l'on veut croire enchanté – taureau, bouc, serpent – sont ainsi, pour les populations, une source inépuisable de fantasmes, un répertoire foisonnant de thèmes érotiques, matrices et alibis de rites sexuels exubérants dont la force de séduction ne saurait être niée.

Un bas-relief du cabinet secret du musée de Naples montre une jeune mariée offerte par des matrones à une statue de Priape en érection tandis qu'une autre jeune fille joue de la flûte, peut-être pour couvrir ses plaintes. Quant à certaines fresques des ruines de Pompéi et Herculanum, elles confirmeraient, selon Roux et Barré[2], les accusations de perversions émises par Tacite, Suétone, Lampride, ceux-ci se faisant l'écho de la condamnation sévère que l'on trouve déjà, bien avant eux et la découverte de Pompéi, chez

1. GRIMAL (Pierre), *Dictionnaire de la mythologie grecque et romaine*, Presses Universitaires de France – PUF, 1958, nouvelle édition 1999.

2. ROUX AÎNÉ (H.) et BARRÉ (L.), *Herculanum et Pompéi, recueil général des peintures, bronzes, mosaïques, etc.*, frères Firmin Didot, 1870-1872, t. VIII.

Euripide : « Dieux qui commettez des crimes atroces, si l'on faisait votre procès, vous seriez chassés de vos temples. »

Si les mystères, d'Isis-Osiris en Égypte, d'Éleusis en Grèce ont connu une telle faveur sur une si longue période de l'histoire, la dimension de catharsis sexuelle collective n'y est évidemment pas étrangère.

Nous avons évoqué Déméter soumise de force au taureau Zeus. La mythologie grecque nous propose aussi la forme inversée de cette union, plus souriante pourrait-on dire, puisque, dans ce mythe, l'héroïne est totalement consentante. Mieux encore, elle est l'ingénieuse organisatrice des ébats.

Le mythographe Apollodore nous en fait le récit. Le royaume de Crète étant vacant du fait du décès d'Astérios, son roi, sans descendance, Minos convoite le trône. On le lui refuse. Aussi fait-il croire que les dieux eux-mêmes le veulent pour monarque. Afin de prouver qu'il a la faveur divine, il prétend pouvoir faire exhausser toute prière qu'il ferait aux dieux. Il offre un sacrifice à Poséidon en l'implorant de « faire surgir des profondeurs un taureau » qu'il promet de lui sacrifier par la suite. Le dieu s'exécute, envoie sur terre un taureau remarquable de beauté et de vigueur. Grâce à ce prodige Minos obtient la couronne. Mais au lieu d'immoler le bel animal, il le garde dans ses troupeaux et en sacrifie un autre, plus ordinaire, à Poséidon. Tromper les divinités n'est jamais sans conséquence. Poséidon, furieux, rend le taureau sauvage et insuffle à l'épouse de Minos, Pasiphaé, un violent désir amoureux pour lui.

Afin de satisfaire son caprice, la belle Pasiphaé s'assure la complicité de Dédale, un architecte exilé sur l'île pour s'être rendu coupable d'un meurtre à Athènes. Dédale imagine et fabrique une fausse vache en bois qu'il recouvre d'une peau de vraie génisse fraîchement dépecée. Pasiphaé se glisse à l'intérieur. Le tout est conduit dans un pré où le taureau à l'habitude de paître. Celui-ci arrive bientôt dans la prairie et s'accouple à la fausse vache, soit à Pasiphaé. De ces amours hors normes naîtra un être lui aussi hors normes : le Minotaure, créature à corps d'homme et tête de taureau.

L'adoration sensuelle du taureau avait déjà cours déjà en Égypte. Diodore de Sicile rapporte que dans le temple de Nilopolis, un taureau, incarnation du dieu Apis, était nourri et choyé par les prêtres durant quarante jours. Les femmes venaient lui manifester leurs dévotions, lui prodiguant mille marques d'intérêt, notamment en retroussant leurs vêtements et en lui exhibant leur sexe.

Le taureau est également présent dans les mystères de Mithra. Ce culte, apparu dans l'ancienne Perse probablement mille cinq cents ans avant notre ère, se répand dans tout l'Empire romain au moment où le christianisme s'y développe. Ce sont ainsi deux doctrines religieuses concurrentes qui émergent à la même époque, approximativement dans le même espace géographique. Elles ne pouvaient cohabiter durablement et le christianisme finit par supplanter le mithraïsme, pourtant fort prospère et populaire chez les Romains et les peuples voisins. « Depuis les rivages du Pont-Euxin jusqu'au nord de la Bretagne et aux confins du Sahara, tout le long de la frontière, les monuments mithriaques abondent[1] », écrit l'historien belge Franz Cumont.

Le taureau symbolise les forces des ténèbres. Mithra reçoit du dieu-soleil la mission de le combattre. Mithra parvient à le saisir par les cornes[2]. Il l'enfourche. Le taureau l'embarque dans une course folle avant de s'écrouler, épuisé. Mithra le tire par les pattes arrière dans sa caverne. Cela lui demande des efforts immenses, symboles des

1. *Revue d'histoire et de littérature religieuses*, volume 2, Université de Californie, 1897.

2. Ici serait l'origine de l'expression bien connue : « Prendre le taureau par les cornes. »

épreuves humaines en ce monde et dans l'autre pour parvenir à la lumière divine. Le taureau parvient à s'échapper. La divinité solaire envoie le corbeau, son messager, intimer à Mithra l'ordre de tuer le fuyard. Mithra s'y résigne sans enthousiasme. Du corps du taureau s'échappe la moelle épinière qui donnera le blé, le sang qui donnera la vigne. Mais l'esprit du mal accable l'animal agonisant en lui envoyant le serpent, le scorpion, la fourmi afin qu'ils corrompent ses chairs et dévorent ses parties génitales. Mais la Lune, astre pendant du Soleil, recueille et purifie son sperme dont seront issus tous les animaux utiles à l'homme.

De ce récit découle le culte des mystères de Mithra. Les initiés, qui se répartissent en sept grades[1] comme les sept planètes, se veulent justement les « pasteurs des planètes ». Leur savoir occulte consiste dans l'étude et la connaissance de leurs relations entre elles, de leurs interférences, de leurs mouvements, des énergies qu'elles diffusent dans l'espace et le temps. Ils vont ainsi développer une astrologie savante, extrêmement précise, proche de l'astronomie, mais tout aussi voisine des grandes traditions spirites par la faculté de prédiction dont les prêtres et adeptes se disent investis.

Tout comme les prosélytes du culte d'Isis-Osiris, ils ont le pouvoir suprême de convoquer et de soumettre par incantation, par magie, les divinités, les démons. Les grands secrets à ne pas dévoiler sous peine de mort portent ici sur la magie et les techniques de divination, ainsi que la science permettant d'atteindre des états psychiques suprahumains.

Au cours du rite d'initiation, le postulant se voit purifié de ses imperfections de pauvre mortel, de ses fautes et péchés par le sang du taureau. On le descend dans une fosse que l'on couvre d'une grille sur laquelle le prêtre va immoler le taureau. Le myste se trouve arrosé de la tête aux pieds par

1. Lors des cérémonies secrètes, les initiés au cinquième grade portent le fameux bonnet phrygien que l'on reverra sous la Révolution française.

le sang purificateur. Nous aurions ici la lointaine origine de la corrida dont les différents moments correspondraient aux phases du rituel d'initiation [1].

Être celui qui sait prédire, être le privilégié maître de l'avenir, le pouvoir n'est-il pas là ? Aussi le mithraïsme, après avoir eu, comme le christianisme, la faveur du peuple, finit-il par rencontrer un écho considérable chez les gens de gouvernement. Un grand prêtre se pique d'avoir initié successivement trois empereurs romains. D'autres, au cours des trois siècles où le mithraïsme d'État eut cours – Néron, Dioclétien, Commode, Aurélien, Julien, pour ne citer que ceux-là – le furent par d'autres mentors, adossant leur pouvoir à une astrologie institutionnelle, officielle, imposée à tous, qui préfigure les religions d'État – *Cujus regio, ejus religio* – et qui peut apparaître comme le fondement lointain mais efficient de la monarchie de droit divin. L'empereur en lien direct avec les astres, instruit des arcanes de la prédiction, se hisse à un statut de divinité régnante, ou de régnant divinisé. Néron se fera adorer comme une émanation de Mithra par le roi d'Arménie. Aurélien, lui, place l'Empire sous la protection du sol *invictus*, le soleil invaincu, dont il se prétend l'envoyé suprême. Julien écrit – pour sa plus grande gloire – un traité sur le thème du « roi Soleil » (déjà). Sous son principat, Auguste instaure son propre culte en sa qualité d'incarnation du dieu sur terre et dieu lui-même.

1. Les adeptes de Mithra ont une conception de l'âme fort intéressante. Les âmes préexisteraient dans l'empyrée, le séjour céleste des dieux. Lorsqu'elles descendraient sur terre pour investir les mortels, elles traverseraient la sphère de telle ou telle planète qui les doterait alors de leurs propres caractéristiques, leur imprimerait leur marque spécifique et leur énergie propre. Sur cette base irait se constituer et se développer une astrologie prédictive en correspondance avec le signe astral sous lequel l'humain verrait le jour. L'horoscope des magazines d'aujourd'hui seraient, comme la corrida, une survivance du mithraïsme.

On comprend que, contrairement à ce qui fondait la divinisation du pharaon, la valeur spirituelle de ce culte devient alors nulle, escamotée au seul profit de l'efficacité politique qu'il sous-tend. Cela dit, Constantin, au IVe siècle, premier empereur chrétien, sans toutefois entretenir l'hypnotique confusion de sa personne avec la divinité, s'accommodera fort bien de la forme théocratique du pouvoir chère à ses prédécesseurs. On ne peut nier, en effet, que cette confusion entre légitimité politique et religieuse lui ait été fort utile lorsqu'il a entrepris de rétablir l'unité de l'Empire et de propager le christianisme.

Il convient d'ailleurs de préciser que l'un des secrets de l'initiation aux mystères de Mithra rejoint ce que nous avons déjà évoqué pour d'autres cultes : le monothéisme induit par la primauté d'une divinité – ici le Soleil – sur les autres, ces dernières n'étant, en quelque sorte, que des éclats de la divinité majeure, ses météorites métaphysiques. Monothéisme spirituel dont le prince se veut, à son plus grand avantage politique, la traduction dans le temporel. Cette vision des choses fera florès, et se perpétuera des siècles et des siècles sous des formes plus ou moins affirmées.

Puisqu'il est dieu, le prince peut tout. On sait l'usage que Néron, « émanation de Mithra », fit de sa toute-puissance prétendue divine à l'encontre de ceux qu'il ne pouvait considérer que comme d'immondes et dangereux hérétiques, les chrétiens. Parmi bien d'autres hauts faits d'une extrême barbarie, l'historien Paul Allard rapporte les horreurs d'une grande fête populaire organisée par l'empereur. « Le jour baissait. La fête de la nuit préparée dans les jardins de Néron attendait le peuple romain. Dès le matin, les immenses jardins avaient été jalonnés de croix, de pieux sur lesquels on avait attaché ou peut-être empalé des chrétiens revêtus de la *tunica molesta*, tissu imbibé de pois et de résine dont on affublait les incendiaires. Le soir venu on y mit le feu. Entre ces avenues formées de flambeaux vivants, couraient des quadriges se disputant le prix[1]. » Puis, juché sur un char qu'il menait lui-même, Néron vint quémander les applaudissements de la foule.

Un autre épisode, rapporté celui-ci par Théodore d'Antioche, nous éclaire sur la folie sanguinaire que l'hystérie de la prédiction pouvait déclencher chez ces autocrates prétendument divinisés.

Il s'agit de Julien qui, après avoir été élevé dans l'arianisme[2], une des formes primitives du christianisme, entreprit de rétablir le culte païen de Mithra, beaucoup plus favorable, il est vrai, à ses aspirations et appétits.

Passant par la ville de Carrhes dans sa campagne contre les Perses, il entra dans un temple dont, « après y avoir accompli des œuvres mystérieuses », il fit fermer et garder les portes, interdisant que quiconque y entre avant son retour.

De retour, il n'y eut point. L'empereur mourut entretemps. Alors on força les portes du temple et, rapporte également Théodore d'Antioche, « on vit ce qu'il fallait penser de sa prétendue sagesse. On y vit une femme suspendue par les cheveux, les bras en croix, le ventre ouvert : l'odieux Julien avait cherché à lire dans le foie de cette victime humaine s'il serait vainqueur des Perses. » Notons que nous sommes ici au IVe siècle après Jésus-Christ, et que cette horreur est perpétuée des décennies après la conversion de Constantin au catholicisme et l'édit de Milan (en 313) consacrant la liberté de culte.

Toutefois, le paroxysme de débauche des sociétés secrètes de l'Antiquité et des cultes à mystères semble avoir été atteint avec ceux de Bacchus, version romaine de la

1. ALLARD (Paul), *Histoire des persécutions pendant les deux premiers siècles*, Librairie Victor Lecoffre, 1905.

2. Initié par le théologien Arius et condamné comme hérésie en 325 par le concile de Nicée, l'arianisme énonce que si Dieu est bien divin car non créé et intemporel, Jésus, lui, est humain, puisque créé et temporel, même s'il porte en lui une part divine.

vénération vouée à Dionysos en Grèce, elle-même possible avatar du culte osirien égyptien.

Les débauches attachées à Bacchus sont demeurées célèbres dans l'histoire sous le vocable de « bacchanales ». La dénonciation de ce que recouvraient ces cérémonies a provoqué un scandale politique retentissant et engendré de la part des autorités romaines, en 186 avant notre ère, une répression d'une extrême vigueur.

L'histoire a un côté charmant, car c'est à une femme amoureuse que l'on doit la révélation des perversions de tout ordre dont le culte de Bacchus était le prétexte.

Cette femme, esclave affranchie, est une courtisane de haut parage fort connue et fort courue dans Rome. Elle se nomme Hispala Fecenia. Aebutius, jeune praticien – on dirait aujourd'hui « fils de bonne famille », – entretient avec elle une relation qui n'est pas que charnelle. Un jour, il lui apprend qu'il ne fréquentera pas sa couche pendant quelque temps, car il doit se soumettre à une période d'abstinence dans la perspective de son initiation au culte de Bacchus.

Or, Hispala Fecenia sait fort bien de quoi il retourne. Lorsqu'elle était esclave, elle a dû accompagner son maître au temple de la divinité. Elle y a assisté et a participé aux débauches rituelles, dont des viols et des sévices de toute nature. Elle entend en protéger son jeune amant. Pour cela, elle ose l'impensable : elle rompt son serment de ne jamais dévoiler à quiconque le secret sur les rites et pratiques du temple. Elle n'ignore pas que, ce faisant, elle encourt la peine de mort.

Ainsi prévenu, Aebutius croit de son devoir de rapporter ces révélations au consul Posthumius Tempsanus. Sans doute cherche-t-il à protéger ainsi Hispala Fecenia des représailles. Une enquête est aussitôt diligentée par le sénat romain…

Ce qui est alors mis au jour nous est rapporté par Tite-Live[1] :

---

1. TITE-LIVE, *Histoire de Rome depuis sa fondation, Livres I et II*. Mais nous nous référons ici à la traduction faite dans l'ouvrage de

« Les Mystères de Bacchus étaient célébrés à Rome dans le temple de ce dieu, et dans le bois sacré appelé Simila, situé près du Tibre. [...]

» Introduit par des prêtres, dans les lieux souterrains, le jeune initié se trouvait livré à leur brutalité. Des hurlements affreux et le son de plusieurs instruments, comme cymbales et tambours, servaient à étouffer les cris que la violence qu'il éprouvait pouvait lui arracher.

» Les excès de table où le vin coulait en abondance excitaient à d'autres excès que la nuit favorisait par ses ténèbres. Tout âge, tout sexe étaient confondus. Chacun satisfaisait le goût auquel il était enclin, toute pudeur était bannie ; tous les genres de luxure même ceux que la nature réprouve souillaient le temple de la divinité.

» Si quelques jeunes initiés témoignaient de la honte pour tant d'horreurs opposaient de la résistance à ces prêtres libertins, ou même s'ils s'acquittaient avec négligence de ce qu'on exigeait d'eux, ils étaient sacrifiés et, dans la crainte de leurs indiscrétions, on leur ôtait la vie. [...] Les prêtres justifiaient leur disparition en disant que le dieu, irrité, était l'auteur de cet enlèvement. [...]

» Des crimes d'un autre genre s'ourdissaient dans ces assemblées nocturnes. On y préparait des poisons ; on y disposait des délations et de faux témoignages, on fabriquait des testaments, on projetait des assassinats.

» On y trouvait des initiés de toutes classes, et même des Romains et Romaines de premier rang ; leur nombre était immense. Ce n'était plus une société, c'était un peuple entier qui partageait ces désordres abominables et conjurait même contre l'État. »

Il n'est pas douteux que le dernier point mentionné par Tite-Live – « et conjurait même contre l'État » – ait pesé de tout son poids dans la fermeté avec laquelle le consul

---

DULAURE (Jacques-Antoine), *Des divinités génératrices ou du culte du phallus chez les Anciens et les Modernes*, Bibliothèque des curieux, 1924.

Posthumius Tempsanus et le sénat ont mené la répression. Celle-ci fut en effet terrible. Tite-Live évalue à sept mille le nombre des adeptes de cette société secrète vouée à Bacchus. Tous furent pourchassés, arrêtés. Les prosélytes réputés être les meneurs ou les plus actifs furent exécutés sur-le-champ, pour l'exemple. Beaucoup préférèrent se donner la mort.

Cependant, si elles n'eurent plus le même relief, ces bacchanales et leur cortège de débauches se perpétuèrent longtemps encore. Le recrutement se fit alors dans la plus totale clandestinité, et le moindre manquement aux injonctions des prêtres fut effectivement puni de mort, de même, bien sûr, que la plus légère entorse à la loi du silence.

6

Gnostiques, manichéens, cathares

Le déclin des religions à mystères et des rites à secrets s'accroît avec l'apparition et l'expansion spectaculaire du christianisme dans les premiers siècles de notre ère. Sa démarche est radicalement révolutionnaire en cela qu'elle prône la divulgation tous azimuts du mystère dont elle est porteuse : le salut de l'âme après la mort et l'unicité de Dieu. Un salut non plus fondé sur une initiation occulte mais sur la foi du croyant. De ce fait, le christianisme consacre l'abolition d'un secret dont la révélation serait réservée aux seuls élus au prix d'une initiation. Révolutionnaire, il l'est également par l'incarnation de la divinité en Jésus, ainsi que par sa mort et sa résurrection qui sont des événements historiques et non plus seulement allégoriques, comme dans les religions à mystères de la Grèce antique ou de l'Égypte ancienne. Le christianisme fait entrer Dieu dans l'histoire, dans l'espace-temps de l'humain.

Que l'Église ait elle aussi ses mystères, ses secrets, que ses paraboles et ses textes puissent appeler à des niveaux de lecture cachés, à des interprétations ésotériques, n'est pas à exclure, tant s'en faut ; mais le cœur du message, à savoir que tout homme peut être sauvé, lui, n'est en rien celé. Au contraire, il doit être annoncé à tous et proclamé à travers le monde. Le christianisme s'affirme comme « religion universelle, accessible à tous les peuples et aux intelligences de tous les degrés[1] ».

La conversion de l'empereur Constantin au début du IVᵉ siècle et la constitution du christianisme en une église structurée, hiérarchisée, capable d'édicter de conciles en conciles un cœur de doctrine invariant ainsi que des lois et des dogmes imposables à tous, vont asseoir son influence sur l'ensemble de l'Occident. Elle s'affirme alors comme religion unique, totalitaire – au sens où elle vise à supplanter toute autre croyance. Elle exclut toute cohabitation spirituelle et entend légiférer dans chaque domaine – social, éthique, politique – de la cité.

Face à l'affirmation de sa vision du monde, de la Création, de la divinité, du salut, de la mort, de l'au-delà, de la résurrection, les anciens cultes, lorsqu'ils survivent, se perpétuent au sein de communautés exclusivement secrètes. Dans sa certitude d'être la seule et unique vraie religion, le christianisme tiendra pour hérésie toute déviance, toute divergence, toute interprétation non conforme au dogme et condamnera jusqu'à la moindre émergence de ce que l'historien Jacques Le Goff appelle les « hésitations doctrinales[2] » des commencements, repoussant ces foyers de pensée autre, ces survivances païennes, ou pythagoriciennes, ou platoniciennes, ou celtes, bref, ces anomalies dogmatiques dans la clandestinité de pratiques occultes et dans la sacralisation du secret.

La répression de « l'hérésie » albigeoise, au début du XIIIᵉ siècle, représente en quelque sorte le point d'orgue de cette aspiration hégémonique. Alors que le gnosticisme, l'arianisme, le manichéisme – ces « hésitations doctrinales »

1. Matter (Jacques), *Histoire critique du gnosticisme et de son influence sur les sectes religieuses et philosophiques des six premiers siècles de l'ère chrétienne*, F.G. Levrault, 1828, t. I.

2. Le Goff (Jacques), *La Civilisation de l'Occident médiéval*, Arthaud, 1984.

– ont pu sembler jugulés ou circonscrits à une confidentialité qui les rend – veut-on se persuader – inoffensifs, l'hérésie albigeoise apparaît comme une menace autrement sérieuse. Tout d'abord par son succès et l'ampleur de son rayonnement, mais aussi parce que derrière le spectre d'une sécession strictement religieuse, d'un schisme, se profilent, là aussi, des enjeux politiques de première grandeur.

Le système féodal voit son principe même et sa structure pyramidale menacés par ce que sous-tend l'opposition absolue entre le monde sensible, matériel – œuvre du dieu mauvais – et la sphère spirituelle – don sublime du dieu bon – prônée par ce que l'on n'appelle pas encore le catharisme[1]. Cette approche religieuse recèle en effet une contestation radicale de la hiérarchie et de l'autorité, le rejet de l'organisation féodale basée sur le serment d'allégeance d'un homme envers un autre homme. Pour l'adepte de cette religion, un tel serment n'a aucune valeur et doit même être proscrit. Tout ce qui relève de l'humain en tant qu'être au monde – être dans le monde – est pour lui l'expression de la volonté malfaisante et de la toute-puissance du dieu mauvais. Donc à bannir. Se soumettre aux impératifs de cette incarnation est une compromission, et le salut est à chercher dans la rupture la plus radicale possible d'avec ces pesanteurs.

Ainsi, dans cette conception, l'incarnation même du Christ est une duperie dont la divinité du mal est l'auteur. Il est, de ce fait, impensable d'y voir la manifestation d'un dieu bienfaisant et encore moins d'un Sauveur. En conséquence, l'Église catholique, la hiérarchie cléricale qui fait de la croyance en la divinité du Christ son credo, repose sur une imposture. Et l'on comprend dès lors que, pour des raisons doctrinales comparables, la hiérarchie civile seigneur-vassal, puisqu'elle duplique en quelque sorte la précédente, puisse être également considérée comme néfaste.

1. LEBÉDEL (Claude) et BIBOLLET (Catherine), *Comprendre la tragédie des cathares*, Éditions Ouest-France, 2007.

De nos jours, ce que nous sommes convenus de désigner sous le vocable de cathares bénéficie d'une aura de sympathie. On les voit volontiers en contemplatifs libertaires, plutôt pacifistes, et en victimes désarmées face au cynisme de la raison d'État et de l'intolérance religieuse. Le rejet des biens matériels qu'ils affectent les parent des vertus que l'on associe, non sans candeur, à la pauvreté. La place importante qu'ils font aux femmes, admises à l'équivalent de la prêtrise, flatte le goût contemporain de l'égalité, de la parité. En outre, il est de bon ton chez nombre d'auteurs modernes de les prétendre irréprochables sur le chapitre des mœurs.

La réalité historique est quelque peu différente. Voici ce que Jules Michelet, pourtant peu suspect d'indulgence envers l'Église catholique, son clergé et ses princes, dit des pratiques en vigueur chez les albigeois : « Ils maltraitaient les prêtres tout comme les paysans, habillaient leurs femmes de vêtements consacrés, battaient les clercs et leur faisaient chanter la messe par dérision. C'était encore un de leurs plaisirs de salir, de briser les images du Christ, de leur casser les bras et les jambes. Impies comme nos modernes, farouches comme des barbares, ils pesaient cruellement sur le pays, volant, rançonnant, égorgeant de hasard, faisant une guerre effroyable. [...] Enfin, cette Judée de la France, comme on a appelé le Languedoc, ne rappelait pas seulement l'autre par ses bitumes ses oliviers, elle avait aussi Sodome et Gomorrhe. Que les croyances orientales, le dualisme persan, le gnosticisme et le manichéisme aient pénétré ce monde, c'est ce qui ne surprendra personne[1]. »

Quant au succès que cette doctrine rencontre dans la noblesse languedocienne, Michelet l'explique précisément par la rupture qu'elle suppose avec l'autorité ecclésiastique catholique romaine que les princes du cru auraient considéré comme envahissante, trop encline à s'immiscer dans les

1. *Histoire de France. Tableau de la France, les Croisades, Saint Louis*, Équateurs poche, 2013, tome II.

affaires du temporel, y important des schémas culturels, des règles de vie sans doute en phase avec la société de langue d'oïl, au nord, mais en fort décalage avec les conceptions, les héritages également culturels de ce vaste ensemble méridional, si distinct de l'autre par maints aspects, à commencer, bien sûr, par la langue.

Aussi, dans la croisade d'extermination qui sera conduite afin de l'éradiquer, après que la prédication a échoué, les pouvoirs temporels et spirituels unissent-ils leurs forces pour faire donner le glaive et incendier les bûchers.

L'Église se dote de l'arme redoutable que sont l'Inquisition et ses tribunaux et s'en remet au bras séculier pour exécuter les peines terribles qu'elle prononce. En 1179, le troisième concile du Latran expose clairement le sort réservé par Rome aux albigeois : « Tous les fidèles doivent s'opposer énergiquement à cette peste et même prendre les armes contre eux. Les biens de ces gens seront confisqués et il sera permis aux princes de les réduire en esclavage. Quiconque, suivant le conseil des évêques, prendra les armes contre eux aura une remise de deux ans de pénitence et sera placé, tout comme un croisé, sous la protection de l'Église[1]. »

Cependant, la croisade armée proprement dite contre « l'hérésie cathare » sera lancée plus tard, en 1209. Elle s'étendra sur une vingtaine d'années. La fin du siège et la chute de Montségur, place forte emblématique des albigeois, ne surviennent qu'en 1244. Entre-temps, des adeptes, sans doute en assez grand nombre, ont rejoint, dans la région de Lyon, l'hérésie vaudoise.

L'Église peut alors considérer l'hérésie jugulée, même si, bien sûr, sous la forme de communautés restreintes – de sociétés secrètes – le culte se perpétuera longtemps encore.

Michelet voit dans le gnosticisme et le manichéisme les sources possibles du catharisme, ou tout au moins de fortes

1. Oldenbourg (Zoé), *Le Bûcher de Montségur*, Gallimard, 1959.

influences. Le gnosticisme, introduit en Italie, en France, en Allemagne depuis Byzance, aurait pour initiateur un Samaritain connu sous le nom de Simon le Magicien. Passé par Alexandrie, celui-ci aurait reçu l'initiation de Philon, « le Platon juif », dont l'œuvre tend à établir une correspondance, une filiation étroite entre le judaïsme et la pensée grecque. Sans doute inspiré par cette tentative syncrétique, Simon s'attachera à élargir la symbiose judéo-platonicienne de son maître en y adjoignant certains aspects du christianisme naissant. Cependant, sa démarche demeure celle des démiurges des cultes anciens, des cultes à mystères. « La gnose est la science de Dieu [1] », professe-t-il en grand secret au sein de sa secte. Cette science n'est accessible, une fois encore, qu'au prix d'une initiation en trois grades. Les « heuliques », qui sont les profanes englués dans la sphère matérielle, les « psychiques » qui sont les initiés d'un degré intermédiaire et enfin les « pneumatiques » qui ont atteint la plénitude de l'initiation et de la révélation. Ces derniers correspondraient, dans le culte albigeois, à ce qu'on a appelé « les Parfaits », en fait les prêtres – le terme parfait ne se référant pas ici à une notion de perfection qualitative mais seulement d'accomplissement. Est parfait celui qui a acquis l'intégralité de la connaissance et satisfait aux différentes étapes du rite initiatique.

Simon le Magicien se dit l'élu destiné à sauver une entité d'essence surnaturelle ou divine qu'il nomme Hélène. Celle-ci serait descendue sur terre dans une maison de prostitution où elle attendrait justement son sauveur. Dans la célébration du culte, cela donne lieu à la célébration d'un mariage céleste, variante assez vague des amours entre Salomon et la reine de Saba. Là encore, fantasme aidant, des variantes rituelles érotiques viendront enjoliver et pimenter les cérémonies secrètes dédiées à la divinité et à son mage. Dans sa

1. Cf. LACARRIÈRE (Jacques), « Les gnostiques, libertaires de l'absolu », *Planète*, janvier 1971.

version valentinienne, le parcours au sein de la secte se fait selon sept étapes ou grades. Au dernier, l'on retrouve le mythe et le rite des noces célestes où l'âme psychique est censée recevoir les anges pour époux. Cela fera dire au théologien chrétien Tertullien, au tout début du IIIe siècle, que les gnostiques ont perverti les cultes élusiniens (ou éleusiens) en prostitution.

La grande idée de Simon le Magicien et de ses sectateurs est que l'âme et l'esprit de ceux qui ont atteint le plus haut degré de l'initiation, les « pneumatiques », sont immunisés contre toute salissure, flétrissure, souillure. Ils n'auraient donc plus aucun besoin de s'imposer de bonnes actions, ni aucune raison de se protéger des tentations les plus terrestres, les plus charnelles. Il est aisé de comprendre à quelles licences, à quelles extravagances en tout genre cette croyance peut donner lieu. Cette conception permissive fut-elle intégrée telle quelle par les tenants du culte cathare ? La question demeure. C'est du moins la brèche doctrinale dans laquelle vont s'engouffrer les ennemis de ces cultes, au premier rang desquels, bien sûr, l'Église catholique romaine, ses tribunaux de l'Inquisition et le pouvoir séculier féodal.

Le manichéisme, dans lequel on a pu voir une branche secondaire du gnosticisme, paraît être une source plus directe du catharisme, en cela qu'il se fonde sur l'affirmation de la dualité divine, un dieu du bien et un dieu du mal. Le culte apparaît en Perse – conçu par Mani (ou Manès) d'où sa dénomination – avant de se propager en Occident, en particulier autour de la Méditerranée. Saint Augustin adhérera dans un premier temps à cette religion avant d'en devenir le plus ardent adversaire.

Toutefois, il n'est guère douteux que le manichéisme correspond bien à l'inconscient collectif du Moyen Âge. Son dualisme si tranché entre le bien et le mal s'exprime dans les représentations omniprésentes du diable et de ses crimes, dans la répartition abrupte du jugement dernier tel qu'il figure au tympan des cathédrales. D'un côté les damnés, de l'autre les élus. Le purgatoire, le moyen terme, est alors une notion purement abstraite, sans vrai écho dans cette société plutôt étrangère à l'abstraction.

Les plaies et épreuves historiques du temps, dont la grande peste noire du VIe siècle, ont favorisé l'émergence d'une culture, d'une crypto-religion de fin du monde. Une conception apocalyptique du devenir, le chaos absolu appréhendé comme le passage nécessaire en vue du retour de l'harmonie, de la lumière qui accompagneront l'avènement de la Jérusalem céleste et la paroisse du Christ Sauveur.

Mais, avant cela, il faut affronter le règne de l'Antéchrist dont le spectre hante les prédications, les épîtres des premiers saints et le quotidien du simple mortel. C'est la croyance millénariste ancrée dans l'esprit du temps, cette espérance en un millénaire de félicité après le chaos, lorsque l'empereur de la fin des temps aura terrassé l'Antéchrist. Et l'Antéchrist est identifié, bien sûr, à l'ennemi, à l'incarnation du mal, du dieu malfaisant. Ainsi l'Antéchrist est le pape pour le manichéisme dans ses différents avatars : joachimite[1], patarin[2] ou cathare.

En marge de ceux-ci, toutes sortes de cultes de l'ombre, perpétués au plus profond des forêts, des grottes et des caves, rassemblent en grand secret, autour de rites improbables, des grappes humaines vibrant de l'espoir de conjurer la menace ou de hâter la délivrance.

Les Pères de l'Église et Rome ont, certes, mené contre ces « hésitations doctrinales », ces tentatives syncrétiques,

1. Disciple de l'abbé Joachim de Flore qui prônait la stricte observance de la règle franciscaine, enseignement jugé hétérodoxe par l'Église.

2. Terme désignant les membres de différents mouvements militant pour une réforme radicale du clergé médiéval et de ses mœurs.

confluents de pensées anciennes et nouvelles, orientales, grecques et judéo-chrétiennes, un combat impitoyable. À son avènement, l'islam n'agira pas autrement vis-à-vis des réminiscences persanes du zoroastrisme et des expressions locales du gnosticisme et du manichéisme. Cela explique que ces croyances évoquées plus haut, ces « riches et brillantes spéculations théosophiques qui forment le plus bel héritage que nous aient laissé les premiers siècles de notre ère[1] », nous aient été transmises des siècles durant dans des formes altérées, voire caricaturales.

Mais il faut dire aussi que certaines d'entre elles revendiquaient des convictions et prônaient des pratiques pour le moins sulfureuses, voire éminemment subversives, qui étaient pain bénit, si l'on ose ainsi s'exprimer, pour leurs contempteurs.

L'historien protestant Jacques Matter, grand analyste de ces courants, écrit à propos de la secte carpocratienne, une branche alexandrine du gnosticisme : « Le mépris de toute législation morale était leur morale[2]. » Pour ces sectateurs, poursuit-il : « La nature révèle deux grands principes, ceux de la communauté et de l'unité de toutes choses. Les lois humaines contraires à ces lois naturelles sont des infractions coupables à l'ordre légitime et divin. Pour rétablir cet ordre, il faut restituer la communauté du sol, des biens et des femmes. En général, plus on méprise toutes les lois existantes, plus on se délivre de tout ce que le Vulgaire nomme religieux, plus on honore l'Être suprême, plus on devient semblable à Dieu[3]. » Bien entendu, là où les adeptes de la secte voient une ascèse, une élévation vers la lumière de Dieu par le mépris des affaires et des lois du monde, leurs ennemis soupçonnent, eux, le libertinage et l'anarchie érigés en principe de vie.

1. MATTER (Jacques), *op. cit.*
2. *Ibid.*
3. *Ibid.*

Au XVIe siècle, les courants anabaptistes allemands ou suisses partageront peu ou prou ces conceptions portées, entre autres, par les prédications radicales d'un Thomas Müntzer, pasteur luthérien en rupture de ban. En Allemagne du sud, elles seront en partie le ferment du fameux « soulèvement de l'homme ordinaire », que l'on appelle aussi « la guerre des paysans » ou « la guerre des gueux », sorte de jacquerie qui sera réprimée dans un bain de sang en 1525. Dix ans plus tard, le soulèvement anabaptiste de la population de Munster, de même inspiration, sera également châtié sans merci à l'issue du siège de la ville conduit par une coalition de troupes catholiques et luthériennes.

Cependant, des tendances de cet ordre se font jour bien avant cette époque. Au XIIIe siècle, la seconde partie du *Roman de la Rose*[1], écrite par Jean de Meun, si différente de la première de Guillaume de Lorris, peut être considérée comme un manifeste précurseur de ces mouvements peu ou prou révolutionnaires. L'auteur y chante sur près de trente mille vers la croyance en un âge d'or sans aucun gouvernement, où les distinctions sociales sont abolies. Il y prône la quête nostalgique du « temps de nos premiers pères et de nos premières mères où, comme en témoignent les écrits des Anciens, on s'aimait de fin et loyal amour, et non par convoitise et désir de rapine, et la bonté régnait dans le monde. [...] Nul roi ni prince n'avaient arraché criminellement le bien d'autrui. Tous étaient égaux et n'avaient rien en propre ; ils savaient bien cette maxime que jamais l'amour et l'autorité ne se firent compagnie et n'habitèrent ensemble ; ils sont désunis par celui qui domine. »

L'une des conséquences, d'une part des « perversions » mentionnées plus haut et d'autre part de l'accusation

1. LORRIS (Guillaume de) et MEUN (Jean de), *Le Roman de la Rose*, Gallimard, coll. « Folio », 1984.

généralisée d'hérésie, est que ces approches doctrinales se sont trouvées reléguées dans la clandestinité si souvent réductrice de sociétés secrètes, avec toutes les dérives que peut engendrer l'éloignement du message initial, de son élévation spirituelle, et, dans bien des cas, de son exigence éthique.

Dans le même temps, l'Occident s'enfonce dans une sorte de crépuscule spirituel où les richesses mystiques et les connaissances, les sciences, les théories si sophistiquées de l'Antiquité vont se trouver étouffées sous le boisseau de la scolastique et d'un aristotélisme altéré érigé en dogme universel.

En fait, nous assistons à l'abolition progressive de toute lecture ésotérique des signes et symboles originels au seul profit d'une appropriation exotérique consacrant la primauté d'un matérialisme tentaculaire, pour ne pas dire totalitaire, de quelques fleurs spiritualistes ou confessionnelles dont il daigne se parer.

Reconquérir le sens sublime niché dans les profondeurs cachées que traquait déjà l'initié du culte d'Isis, renouer avec la richesse ésotérique des premiers âges de lumière, voilà quel est – ou devrait être – le principe même des sociétés secrètes qui, émergeant en Occident sur les décombres des anciens cultes oubliés ou pervertis, vont tenter d'exister en marge de l'hégémonie dogmatique des religions institutionnalisées ou des certitudes rationalistes et scientistes, parfois tout aussi dogmatiques.

7

La Rose-Croix : la longue vie de l'éphémère

En 1622 et, selon certaines sources[1], également à l'été 1623, les Parisiens voient apparaître sur les murs de leur ville deux surprenantes affichettes.

La première est ainsi rédigée : « Nous, députés de notre Collège principal des Frères de la Rose-Croix, faisons séjour visible et invisible en cette ville pour la grâce du Très-Haut, vers qui se tourne le cœur des justes. Nous enseignons sans livres ni marques et parlons toutes les sortes de langues du pays où nous voulons être pour tirer les hommes nos semblables d'erreur et de mort. »

La seconde fait son apparition quelques jours plus tard : « S'il prend envie à quelqu'un de nous voir, par curiosité seulement, il ne communiquera jamais avec nous ; mais si la volonté le porte réellement et le fait s'inscrire dans le registre de notre confraternité, nous qui jugeons les pensées lui ferons voir la vérité de nos promesses, tellement que nous ne mettons point le lieu de notre demeure, puisque les pensées, jointes à la volonté réelle du lecteur, seront capables de nous faire connaître à lui et lui à nous. »

On peut imaginer l'étonnement, l'intérêt ou le sourire narquois qui vient au badaud découvrant ces écrits sibyllins

1. SÈDE (Gérard de), repris par les auteurs de l'ouvrage collectif : *Des sociétés secrètes au paranormal : les grandes énigmes*, J'ai Lu, 2012.

au coin des rues. Mais ces affiches ne sont pas la première manifestation « officielle » de la Rose-Croix. Environ dix ans plus tôt, un certain Johann Valentin Andreae, né en 1586, petit-fils d'un compagnon de Luther, théologien lui-même, fait paraître à Francfort des petits livres qui sont les textes fondateurs de cet ordre.

Étrange personnage[1] que cet homme dont l'étendue du savoir paraît être celle d'un Érasme ou d'un Pic de La Mirandole. Il maîtrise les langues anciennes, les mathématiques, la physique, l'astronomie, et probablement est-il passé maître dans les pratiques occultes de l'alchimie et de la magie, arts prisés à l'époque parce qu'ils sont partie intégrante du corpus de connaissances à acquérir, au même titre que les autres savoirs, ceux que nous considérons aujourd'hui comme dignes d'un intérêt scientifique.

Étrange société secrète, aussi, que celle qu'il est supposé avoir créée, cet ordre qui existe sans peut-être avoir jamais eu de véritable existence ! Si en effet, cette communauté s'est un moment structurée à la manière d'autres sociétés secrètes, ce qui n'est pas acquis, cela n'aura été qu'éphémère. Cependant, cette apparente faiblesse de structure ne signifie en aucune façon que la Rose-Croix et sa doctrine n'aient exercé aucune influence. Tout au contraire, serait-on tenté de dire. Son influence, du moins celle de ses membres disséminés, plus ou moins isolés mais liés par leur appartenance au corpus théorique fondamental, n'en a été que plus efficiente, s'exerçant dans bien d'autres cénacles secrets ou non, théosophiques, politiques, scientifiques, artistiques, cela jusque de nos jours.

Si le but initial affirmé dans les ouvrages publiés par Andreae est bien de revenir à la simplicité dogmatique et rituélique du catholicisme primitif, la voie suivie pour atteindre ce but ouvre un champ beaucoup plus vaste.

---

1. Umberto Eco l'évoque maintes fois dans son roman *Le Pendule de Foucault*, Grasset et Fasquelle, 1988.

Les compagnons d'Andreae – qui viennent quelques décennies après Luther, notons-le – réunis autour de lui au sein du cénacle de Tübingen, entendent proposer à l'homme de hisser son être à une dimension où il sera en harmonie avec le monde, la divinité, « l'Esprit qui vivifie » et où il sera enfin en phase avec la sagesse universelle, universalité d'ailleurs comprise, se plaisent-ils à rappeler, dans l'étymologie même du mot catholique. Ce sera alors l'avènement de l'Elias Artista, l'Esprit de lumière.

Or, selon Andreae et ses amis, l'Église de Rome a déserté cet idéal. Elle s'est laissé détourner de l'ésotérisme supérieur des origines, seul capable d'ouvrir le sens et la voie de cette sagesse universelle. L'humanisme, bien que résolument à l'écart de toute référence ésotérique, ne vise pas à autre chose. « Les forces de l'esprit s'emploient à des fins nouvelles », écrit Stefan Zweig. « Les humanistes essayent de redonner aux hommes une conception du divin sans l'intermédiaire de l'Église. [...] L'humaniste ne rêve pas d'un soulèvement contre l'Église, mais de *reflorescentia*, d'une renaissance religieuse, d'une rénovation de l'idée chrétienne, en revenant à sa pureté nazaréenne[1]. »

La Rose-Croix, dans ses diverses manifestations, ne renie pas davantage le christianisme, mais, allant au-delà du réformisme raisonné d'un Érasme – exprimé en partie dans son iconoclaste et jubilatoire *Éloge de la folie* (publié en 1511, un siècle avant les écrits d'Andreae !) – elle revendique le rejet de toute religion, et, en conséquence, un anticléricalisme absolu. Les frères fondateurs écrivent que « par leurs moyens le triple diadème du pape sera réduit en poudre ; qu'ils confessent librement et publient sans aucune crainte d'en être repris que le pape est l'Antéchrist ».

L'universalité évoquée plus haut, la Rose-Croix la recherche dans sa quête en intégrant dans son corpus initiatique les richesses spirituelles d'une grande diversité d'écoles

1. ZWEIG (Stefan), *Érasme*, Bernard Grasset, 1935.

de pensée et de croyance : l'hermétisme égyptien, le néoplatonisme, le gnosticisme, l'ésotérisme judéo-chrétien, le pythagorisme, la pensée arabe mais aussi la kabbale, l'alchimie, la magie et les sciences occultes, ces dernières disciplines devant permettre la découverte d'une panacée capable de soulager l'humanité de tous ses maux.

Le Rose-Croix – ou rosicrucien [1] – accompli acquiert ainsi des savoirs et des pouvoirs bien au-delà de ceux du commun des mortels. Cela lui impose des devoirs : « Les Frères Illuminés de la Rose-Croix sont obligés par leurs engagements de pratiquer la médecine occulte partout sur leur passage, sans recevoir jamais de rémunération. » Ils ont aussi l'obligation de pratiquer la charité et d'entourer leurs semblables d'un « amour fraternel ». Ils se définissent eux-mêmes comme « des Adeptes, des Êtres Compatissants qui, durant de nombreuses vies, par le service aimant et désintéressé envers le monde, ont développé leurs facultés intérieures à un degré très élevé. Ils sont passés par toutes les Écoles des Mystères Mineurs et Majeurs, atteignant un degré d'évolution qui les libère de tous liens avec la terre. »

On a prétendu qu'ils sauraient se rendre invisibles, parler toutes les langues du monde, se téléporter, être présents à plusieurs endroits au même moment, allonger à loisir leur durée de vie, en vivre plusieurs, et bien sûr changer en or les métaux les plus vils. Cependant, « ils doivent se soumettre à l'autorité d'un maître », écrit Gérard de Sède, « ils ne peuvent exercer aucun métier mais doivent soigner gratuitement les malades ; le lieu de leurs assemblées, nommé Temple du Saint-Esprit, doit rester secret. Ils doivent conserver l'anonymat et se disperser dans le monde entier ; ils doivent parler un certain jargon à l'extérieur. Les nouveaux membres sont choisis par les anciens et même l'endroit de sépulture des membres doit être tenu caché : il

1. Pour certains auteurs, est rosicrucien l'individu en voie d'initiation, et Rose-Croix l'adepte accompli.

appartient aux seuls disciples de le découvrir, lorsque le moment est venu[1]. »

Mais le don le plus extraordinaire dont ils seraient les dépositaires est bien la capacité d'écrire des textes dans la langue des tout premiers temps, celle d'Adam, celle de Dieu en quelque sorte. Ils seraient en lien direct et permanent avec la volonté divine. Cela est à rapprocher de ce que Harvey Spencer Lewis et les fondateurs de la résurgence rosicrucienne moderne, dans les années 1920-1930, l'ancien et mystique ordre de la Rose-Croix (AMORC), affirment lorsqu'ils font remonter l'origine de l'ordre à l'Égypte ancienne, voire à l'Atlandide. Les preuves se trouveraient dans des archives mystérieuses inaccessibles et indéchiffrables en dehors d'un état psychique et spirituel, fruit d'une ascèse particulière de méditation. Preuves, en conséquence, interdites à qui n'est pas habité par la foi rosicrucienne et n'a pas satisfait à la discipline d'une initiation très approfondie, conditions *sine qua non* qui aux yeux du profane ne manquent pas de paraître très réductrices, si ce n'est suspectes.

À la lecture du texte des affiches, on peut être partagé entre divers sentiments. Celui d'avoir affaire à la prose de quelque exalté, ou de se trouver devant une imposture, ou encore d'être la cible d'un canular.

Au demeurant, bien que ces affiches aient été placardées à Paris, c'est bien davantage en Allemagne, en Hollande et en Angleterre que cette prose trouvera écho et que la Rose-Croix s'épanouira.

Nous sommes en 1622-1623. La reprise en main du royaume, de son gouvernement va se trouver très prochainement être l'affaire d'un personnage pour qui les extravagances religieuses ne sont pas à traiter à la légère. Son nom : Armand Jean du Plessis de Richelieu. Il est cardinal. Et plus encore homme d'État que prélat. On ne peut exclure qu'il

1. SÈDE (Gérard de), *La Rose-Croix*, J'ai Lu, 1978.

ait usé de son autorité souterraine pour étouffer dans l'œuf cet ordre naissant dont la doctrine n'est pas si éloignée des principes de ces parpaillots qui sont alors l'un de ses deux grands soucis, l'autre étant les visées hégémoniques de la très catholique Espagne.

Quelque temps plus tard, entre 1627 et 1630, apparaît une nouvelle société secrète : la Compagnie du Saint-Sacrement, fondée par le duc de Ventadour avec la collaboration d'un jésuite confesseur de Louis XIII, un capucin et un oratorien. Bossuet, qui en était, énoncera son dessein dans une formule brillante autant qu'explicite : « Bâtir Jérusalem au milieu de Babylone. » La Compagnie du Saint-Sacrement a pour but « d'entreprendre tout le bien possible et d'éloigner tout le mal possible en tout temps et en tous lieux et à l'égard de toutes personnes [1] ». « Tout le bien possible » et « tout le mal possible » sont ici considérés dans leurs dimensions tant matérielles que spirituelles et morales. La Compagnie se donne ainsi pour mission de secourir « les pauvres, les malades, les prisonniers, les affligés… », mais elle entend par ailleurs travailler à la « conversion des hérétiques et à la propagation de la foi dans toutes les parties du monde, à empêcher tous les sandales, toutes les impiétés, tous les blasphèmes… »

L'enfer étant, dit-on, pavé de bonnes intentions, on peut dire que cet aphorisme s'applique parfaitement à la Compagnie et à ses actions. Si elle fait effectivement œuvre de charité auprès des pauvres, des nécessiteux, elle se montre répressive à l'excès dans son combat contre ce qui ne lui semble pas s'inscrire dans le droit fil de la morale chrétienne, celle-ci prise dans son acception la plus rigoriste, la plus intransigeante. Dans cette « croisade », elle se substitue à l'Inquisition, usant des mêmes procédés de délation, d'infiltration, de

1. *Annales de la Compagnie du Saint-Sacrement*, relevées par le comte d'Argenson, lui-même membre.

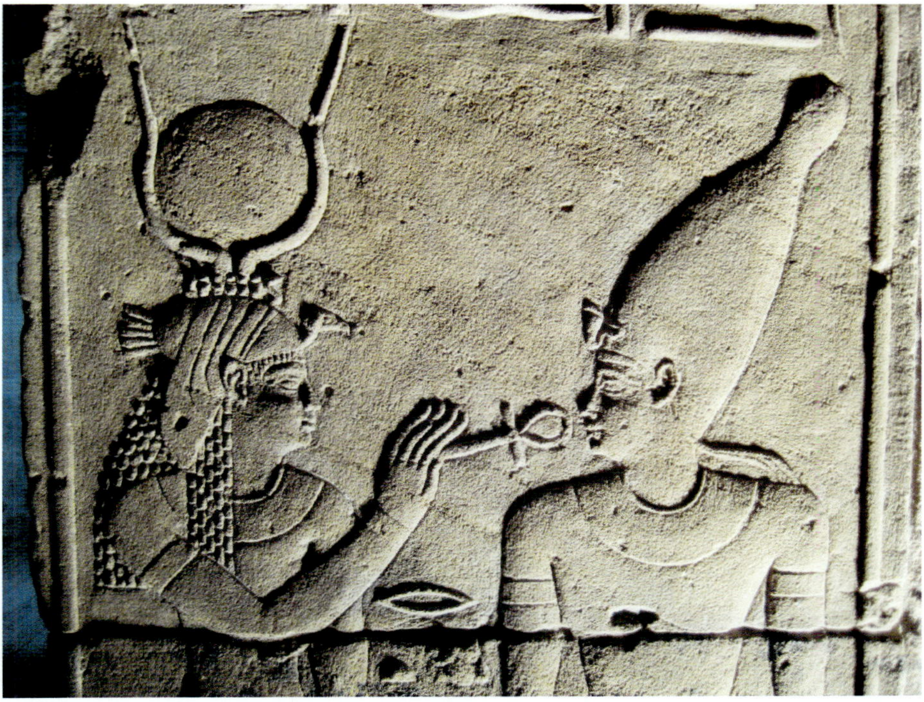

1. Relief présent sur le mur d'un temple d'Isis et montrant la déesse ressuscitant Osiris avec la croix ansée, signe égyptien de la vie.

2. Les dieux Seth (à gauche) et Horus (à droite) vénèrent Ramsès II dans le petit temple ou temple de Hathor, à Abou Simbel.

3. Stèle de Perinefer en calcaire, provenant d'Abydos, représentant le culte d'Osiris par Isis et Nephtys. (Bologne, Musée Civique Archéologique.)

4. Tablette votive montrant les rites d'initiation aux mystères d'Éleusis, IVe siècle av. J.-C. (Musée national archéologique, Athènes, Grèce.)

5. Initiation aux mystères d'Éleusis. (Illustration de Victor Duruy issue de *History of Rome*, Kegan Paul, trench & Co, 1884.)

6. Les Sept Sages de la Grèce Antique. (Illustration pour *Cent Tableaux de Science Pittoresque*, Albert-Levy, Hachette, 1883.)

7. Gravure de Pythagore (environ 580-500 av. J.-C.).

8. Déméter pleurant la mort de Perséphone. (Peinture de Evelyn De Morgan, 1906.)

9. Détail du minotaure.

Pl.E.

10. Eucharistie gnostique. (Julien Leopold Boilly, XIXe siècle.)

11. Le siège de Carcassonne en 1209 durant la croisade contre les cathares. (Lithographie de Jean-Paul Laurens, 1838-1921.)

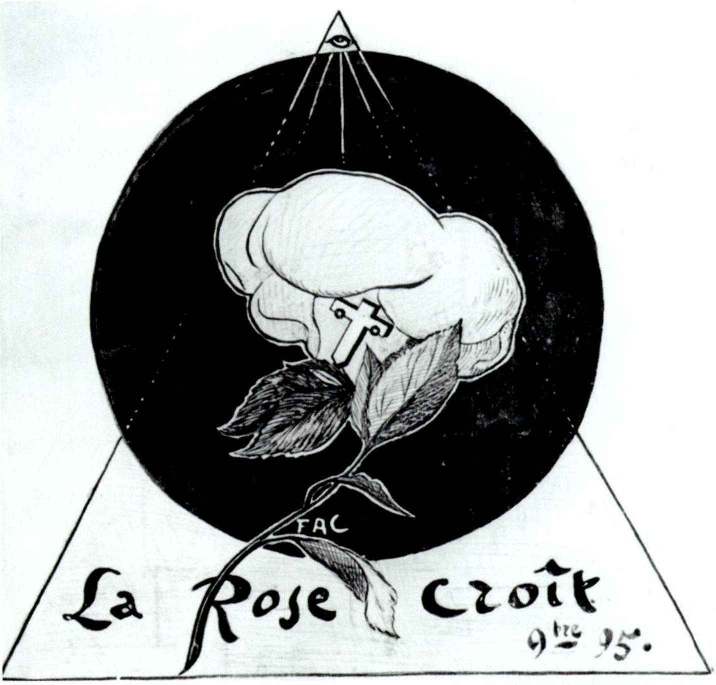

12. Symbole de la Rose-Croix.

13. Le Temple de la Rose-Croix. (Gravure de Teophilus Schweighardt Constantiens, 1618.)

14. Johann Valentin Andreae, auteur des *Noces Chimiques de Christian Rosenkreutz.* (Lithographie de Eugen Lennhoff, 1932.)

15. Allégorie rosicrucienne : l'abeille, la rose mystique et le miel. (Gravure de Johann Theodore de Bry, 1598.)

Photo © PVDE / Bridgeman Images

16. L'œil au-dessus de la pyramide : symbole des Illuminés de Bavière, société secrète (1776-1785) dont les membres étaient issus de la franc-maçonnerie.
Détail d'un billet de un dollar.

17. Initiation d'un Illuminatus. (Gravure issue de *Sociétés secrètes, les francs-maçons*, 1867.)

© Edinburgh University Library, Écosse / Bridgeman Images

18. Portrait de John Robison, père du conspirationnisme illuminati. (Peinture de Henry Raeburn, 1756-1823, 1798.)

Collection particulière

19. Portrait de Augustin Barruel, autre père du conspirationnisme illuminati.

20. Déclaration des droits de l'homme et du citoyen, 1789.

21. Croyances et devoirs du franc-maçon. (Lithographie du XIXe siècle.)

22. Les cinq oncles de la franc-maçonnerie (Jérôme, Joseph, Louis, Lucien et Napoléon Bonaparte). (Lithographie, 1848.)

23. Gravure de Benjamin Franklin, homme d'État américain, philosophe, scientifique, imprimeur. Il porte ici le tablier des francs-maçons.

24. Détail de la croix de l'ordre du Temple gravé dans la pierre.

25. Lithographie représentant le symbole de la franc-maçonnerie issue de *The History of Freemasonry, volume III*, publié par Thomas C. Jack à Londres en 1883.

Collection privée. Photo © Ken Welsh / Bridgeman Images

26. Gravure issue de *Sociétés Secrètes, les francs-maçons*, publié en 1867.

avenir. La théorie des cycles est un axe majeur de sa pensée. Il publie ensuite *L'Ésotérisme de Dante* et surtout, *Le Roi du monde* où l'on retrouve la notion déjà ancienne d'une puissance occulte – ici l'Agarttha –, émanation d'un maître inconnu aux pouvoirs supranormaux régissant la planète entière.

En 1930, il se trouve en Égypte où il recherche des textes rares sur le soufisme dont la richesse ésotérique le fascine. Richesse qu'exprimera à son tour l'historien Henri Corbin : « Le Coran a une apparence extérieure et une profondeur cachée, un sens exotérique et un sens ésotérique ; à son tour ce sens ésotérique recèle un sens ésotérique (cette profondeur a une profondeur à l'image des Sphères célestes emboîtées les unes dans les autres) ; ainsi de suite, jusqu'à sept sens ésotériques (sept profondeurs de profondeur cachée) [1]. »

On comprend que l'exploration de ces arcanes aient dès lors retenu Guédon en terre égyptienne. Veuf de sa première femme depuis plusieurs années, il prend une épouse musulmane, la propre fille du cheikh Mohammed Ibrahim. Il y vivra jusqu'à sa mort en janvier 1951. Il sera inhumé selon les rites de l'islam dans le caveau de ce dernier.

Revenons à la note signée par Guaïta et Papus dont nous avons parlé plus haut. Elle est motivée par le procès en exclusion de l'ordre kabbalistique de la Rose-Croix du frère Joséphin Péladan qui a fait sécession en créant « un tiers ordre intellectuel », la Rose-Croix catholique, visant à un rapprochement avec Rome et tournant ainsi le dos à l'anticléricalisme et à l'antipapisme. Autrement dit, il s'agit de renier un des fondements mêmes de l'ordre kabbalistique.

Ces divergences, ces ruptures au sein d'ordres réactualisés ou inspirés de sociétés anciennes ne sont pas rares, nous l'avons vu. Elles en sont même la pierre d'achoppement, et,

1. CORBIN (Henri), *Histoire de la philosophie islamique*, Gallimard, 1964.

fort souvent, la première cause de leur disparition. Encore que – surtout si l'on se place d'un point de vue ésotérique – on ne puisse jamais être sûr que l'effacement de la surface de la terre soit effectivement une disparition.

Cela dit, il faut bien convenir que pour être initié, on n'en est pas moins homme. Aussi, derrière les divergences doctrinales, n'est-il guère difficile de déceler des rivalités de personnes. Là, le paradoxe réside dans le fait que plus une société secrète, soucieuse de cohérence intellectuelle, se montre exigeante sur la qualité, le niveau culturel voire social de ses membres, plus elle s'expose à l'émergence de conflits d'individualités dès lors que se pose la question de la gouvernance ou du leadership. Tous pouvant revendiquer un haut niveau d'excellence, chacun se sent légitime à exercer l'autorité suprême. On le constate avec l'ordre kabbalistique de la Rose-Croix qui, après quelques années d'existence, voit, comme nous l'avons dit, Papus lui-même, haute et forte personnalité, bifurquer et créer des obédiences parallèles puis son propre ordre, martiniste celui-ci.

Comme on le constate dans le cheminement des personnages que nous venons d'évoquer, l'attirance pour des thèses nouvelles, le désir d'approfondir des pratiques magiques et alchimistes secrètes, l'ambition de s'élever toujours plus haut dans les arcanes ésotériques ont pour corollaire, nous l'avons esquissé en évoquant quelques personnalités magistrales de ces sphères, une forme de nomadisme spirituel, intellectuel où s'illustre celui que l'on pourrait appeler « l'initié migrateur ». Il s'enrichit de ses diverses immersions et nourrit de ses acquis les sociétés secrètes par où il passe. Bien des similitudes de rites, commodément placées sous le sceau de l'inspiration quasi divine ou d'une filiation occulte et sans âge, s'expliquent par ce phénomène tout simplement humain.

Ce qui surprend lorsqu'on aborde l'étude des sociétés secrètes, au moins dans la période moderne, XIXe et début du XXe siècles, c'est leur foisonnement, même si certaines, nous l'avons mentionné, sont éphémères, ne survivant guère à leurs instigateurs ou dépérissant du fait d'une indigence doctrinale qui n'aura fait illusion qu'un temps.

Ce qui étonne aussi, c'est un autre paradoxe que, si nous ne redoutions pas de verser dans l'irrévérence, nous imputerions à ce que nous qualifierions de schizophrénie initiatique.

Cette faiblesse structurelle pourrait se résumer ainsi : plus la connaissance est prétendument enchâssée dans le secret, plus elle génère de publications. L'adepte semble partagé, pour ne pas dire écartelé, entre la confiscation des vérités primordiales et la divulgation de ce qu'il a acquis au prix de tant d'efforts et d'ascèse… Mais il est vrai qu'il est censé ne publier que l'écume de sa science, veillant à ce que « les arcanes ne s'avilissent point et ne perdent pas leur grâce en étant divulgués ».

Le XIXe siècle – plus particulièrement dans la période qui s'étend de la monarchie de Juillet (1830) à la fin du Second Empire (1870) – est fertile en bouleversements propres à ébranler les consciences spiritualistes et à susciter un regain d'intérêt pour des sociétés, des fraternités où l'on célèbre – en marge de ces bouleversements et en secret – l'esprit plutôt que la matière.

Le Paris dans lequel se réunissent les frères de l'ordre kabbalistique de la Rose-Croix, pour ne citer que cette communauté, est le Paris d'Haussmann, une ville entièrement repensée, une ville nouvelle qui est l'expression même du triomphe industriel et affairiste d'alors. Si Haussmann a ménagé un certain nombre de lieux de mémoire et de culte, les vastes artères qu'il trace, les immeubles qu'il édifie ont nécessité la destruction de tout un patrimoine, vétuste il est vrai, mais chargé de sens tant historique, exotérique qu'ésotérique. Dans le même temps, Lesseps creuse, en terre des pharaons, une saignée titanesque reliant les deux mers, la Méditerranée et la mer Rouge, faisant fi des prédictions antiques assurant que pratiquer un tel canal serait une malédiction entraînant le déferlement des forces du mal. Puis, du même Lesseps, ce sera l'autre saignée, celle de l'isthme de Panama, dans les contrées, cette fois, circonvoisines des grandes civilisations sacrées de l'Antiquité précolombienne.

Comment les spiritualistes ne verraient-ils pas le spectre du sacrilège derrière ces audaces dont la visée est purement économique, matérialiste ? Ce matérialisme dont les exubérantes Expositions universelles que l'on organise alors à Paris presque chaque décennie semblent être la grand-messe blasphématoire... Tout comme peut paraître blasphématoire cet obélisque au sens aboli, obélisque de ferraille que l'on appelle la tour Eiffel.

À la même époque, le positivisme d'Auguste Comte, le scientisme des saint-simoniens imposent leur vision. Les problèmes de l'humanité seront réglés avec la science, avec le progrès des techniques et la maîtrise totale de la nature par l'homme. Sur le plan politique, les tenants de l'anticléricalisme et de l'athéisme sont en guerre ouverte contre l'Église et la calotte. La séparation de l'Église et de l'État est en germe. La notion d'un monde sans Dieu et sans dieux fait son chemin. Autrement dit, pour certains, c'est à la relégation du sacré dans les décombres de l'histoire que l'on assiste.

Pour ceux-là, ces bouleversements, l'arrogance, parfois, avec laquelle sont assénés les dogmes nouveaux de l'affairisme, de l'agnosticisme et de l'athéisme ne sont-il pas autant de preuves que l'Antéchrist est à l'œuvre ?

À la remarquable confiance en l'avenir dont témoignent ces entreprises nouvelles s'oppose un désarroi terrible devant ce qui peut apparaître comme les prémices du chaos biblique. Les conquêtes et les progrès de ces temps sont ainsi le terreau de la résurgence des cultes de l'occulte, des fraternités secrètes où l'homme s'efforcera de retisser les liens immatériels et intemporels avec l'essence de l'humain et du monde. Les fraternités Rose-Croix de cette époque et leurs efflorescences s'inscrivent évidemment dans ce contexte.

Pour Louis Pauwels et Jacques Bergier[1], l'ordre la Rose-Croix serait en fait une « société secrète permanente des hommes supérieurement éclairés », une « collectivité des êtres parvenus à l'état supérieur à l'humanité ordinaire, possédant ainsi les mêmes caractéristiques intérieures permettant de se reconnaître entre eux ». Et de préciser : « La société Rose-Croix se serait formée naturellement des hommes parvenus à un état de conscience élevé, cherchant des correspondants, d'autres hommes, semblables à eux par la connaissance, avec qui le dialogue soit possible. » Ces définitions, selon Pauwels et Bergier, ont « le mérite d'éloigner le fatras occultiste ».

Ainsi voient-ils dans la Rose-Croix une forme de *think tank*[2] planétaire de génération spontanée dont le ticket d'entrée ne serait pas la récompense d'une quelconque initiation mais la sanction naturelle d'un niveau mental, intellectuel, spirituel hors norme. Sans doute omettent-ils dans leur analyse les étranges moyens de preuve d'ancienneté présentés par H. S. Lewis et les fondateurs de l'AMORC mentionnés plus haut, et qui, eux, relèvent sans ambiguïté de l'occultisme. Ne peut-on dire cela aussi des aptitudes supranormales prêtées aux adeptes dont nous avons parlé, même si quelques-unes ne sont pas éloignées – comme le soulignent d'ailleurs Bergier et Pauwels – d'avancées scientifiques contemporaines ?

---

1. BERGIER (Jacques), *Le Matin des magiciens : introduction au réalisme fantastique*, Gallimard, 1960.

2. Sur les *think tanks* (que l'on se gardera d'assimiler aux sociétés secrètes telles qu'abordées dans notre étude) se reporter à l'ouvrage de PATARD (Marc), *La Démocratie entre expertise et influence. Le cas des* think tanks *français*, Dalloz, 2014.

Il est à noter cependant qu'il existe une communauté, présentée comme une excroissance *think tank* de la Rose-Croix, le Pugwash, qui réunit des hommes de science de toutes nationalités afin qu'ils partagent de manière informelle leurs approches, leurs avancées et débattent de l'état du monde. En 1955, Einstein a rejoint ce mouvement dont le mathématicien et philosophe Bertrand Russell était l'initiateur.

Instance de réflexion, le Pugwash – comme d'autres cellules de recherche, discrètes par nature – nourrit évidemment le fantasme récurrent du cénacle de savants – fous de préférence – flanqués de politiciens – extrêmement mégalomanes, cela s'entend – manipulant à loisir les destinées de la planète. Sur ce point, au risque de l'ironie la plus facile, nous oserions émettre l'opinion que si tel était le cas, les choses du vaste monde n'iraient pas forcément plus mal.

D'autres résurgences rosicruciennes sont apparues. Vers 1755, principalement à Vienne et à Prague, opère un ordre rosicrucien, la Rose-Croix d'Or dont les membres se présentent comme les héritiers de l'ordre du Temple. Dans sa forme, cette société secrète est proche de la franc-maçonnerie. Pas seulement dans sa forme d'ailleurs, dans son recrutement aussi, puisque dès cette époque, et encore aujourd'hui, ses prosélytes sont presque toujours issus des hauts grades maçonniques.

La Rose-Croix de Haarlem, fondée, en France, en 1945, originaire des Pays-Bas, dont l'un des centres est à Ussat, dans l'Ariège, « dans des grottes où s'abritèrent, pendant des siècles, des initiés cathares » est un autre avatar de l'ordre. L'héritage, cette fois, serait à chercher du côté des cultes et des rites manichéens et cathares.

Plus près de nous, une réactualisation de la Rose-Croix a défrayé la chronique pour les plus horribles raisons.

D'ailleurs, nous devrions parler de récupération, d'imposture, de détournement plutôt que de réactualisation. Il s'agit de l'ordre Tradition et Sciences dont les implantations rurales avaient pour dénomination Ferme Agricole de Recherches et de Cultures. Soit, en abrégé : OTS et FARC qui correspondent respectivement à : ordre du Temple solaire et Frères Aînés de la Rose-Croix[1].

Avec l'ordre du Temple solaire et ces prétendus Frères Aînés de la Rose-Croix, nous atteignons, en effet, le paroxysme de l'horreur sectaire.

Au total, entre octobre 1994 et mars 1997, « que ce soit en Suisse, au Québec ou en France, soixante-quatorze personnes dont onze enfants et adolescents sont morts tragiquement au nom de l'OTS[2] », rappelle Maurice Fusier. Les prédications de Michel Tabachnik constituent, selon le rapport d'instruction de son procès en 2001, « un enseignement doctrinal destiné à conditionner les individus dans l'idée qu'ils appartiennent à une élite investie d'une mission rédemptrice, et à créer une dynamique homicide. [...] Ces enseignements amenaient de manière graduelle à l'idée de transmutation par la carbonisation afin d'y accoutumer l'adepte, la notion de mort étant à peu près dépouillée de sa dimension angoissante[3] ».

Au moment adéquat pour sauter le pas vers le salut et la félicité éternels promis par les Archées[4] et leurs gourous, les adeptes étaient rassemblés de nuit, soit dans une « ferme », soit dans un lieu reculé, en forêt comme dans le Vercors, pour un « départ » vers Syrius, le lieu céleste et sacré de la « lumière éternelle ». Drogués ou abattus, ils étaient ensuite rituellement carbonisés.

---

1. FUSIER (Maurice), *Secret d'État ? Enquête au cœur d'une secte : ordre du Temple solaire*, Éditions des Traboules, 2006.

2. *Des mots qui font des morts. Le procès Tabachnik et le Temple solaire*, Pandora Publishing, 2003.

3. *Ibid.*

4. Écrits de Michel Tabachnik.

Nous sommes fort loin ici de la communauté d'intelligences supérieures – d'ailleurs davantage rêvée que constatée, croyons-nous – de Pauwels et Bergier dans l'ordre originel de la Rose-Croix. Au contraire, nous plongeons dans les délires furieux qui menacent tout occultisme en rupture de raison. Quant au fait que nous pourrions éventuellement déceler dans cette hécatombe sacrificielle un écho à la bipolarité primordiale entre ténèbres et lumière, cela ne saurait en aucune façon la sauver du néant de l'âme, de l'esprit et du cœur. L'horreur est l'horreur, d'où qu'elle soit inspirée, qu'elle soit planifiée en une apocalypse planétaire, comme chez Hitler et son ordre noir, ou circonscrite dans la sphère terrifiante du fanatisme morbide des gourous du Temple solaire.

9

L'hiver noir d'Hitler

En Angleterre, dans les années 1860, naît la Societas Rosicruciana in Anglia (SRIA – la Société Rosicrucienne d'Angleterre) dont le nombre des membres, tous recrutés parmi les maîtres-maçons, est limité à cent quarante-quatre. Environ trois décennies plus tard, en 1887, à l'initiative de trois membres entrés en relation avec une éminente rosicrucienne allemande, Anna Sprengel, qui leur apporte une forme nouvelle d'initiation et des rituels de magie, est fondée la société secrète Hermetic Brotherhood of the Golden Dawn in the Outer – ordre hermétique de l'Aube dorée à l'extérieur (extérieur à l'Allemagne s'entend). Son but est « la magie cérémonielle et l'obtention des pouvoirs et connaissances initiatiques ». Ses chefs étaient Woodman, Mathers et Westcott[1]. Bulwer-Lytton, auteur du best-seller mondial *Les Derniers jours de Pompéi* et surtout d'ouvrages tels que *La Race à venir...* et *Zanoni* dans lesquels les milieux nazis verront une connivence de pensée.

Au dernier stade de l'initiation, l'adepte atteint un sublime état de l'âme et de l'esprit, si puissant que celui-ci risque de modifier tout l'être, y compris physiologiquement. La violence d'un tel état peut s'accompagner de réactions d'intense panique (proche sans doute de la sidération

1. BERGIER (Jacques), *op. cit.*

que nous avions évoquée à propos des initiations dans le culte osirien de l'Égypte ancienne) au point que le sujet n'est pas épargné de succomber à la folie, ou pire, d'attenter à ses jours.

L'affilié accompli reçoit une devise latine qui se veut une exhortation ; il sera désormais désigné par les initiales de cette devise.

Les vrais maîtres de l'ordre sont les Supérieurs Inconnus. Même les adeptes de haut niveau ne connaissent pas leurs noms terrestres, seulement les devises secrètes qui leur sont attachées. L'un des créateurs de l'ordre en Angleterre, S. L. Mathers, époux de la sœur du philosophe Henri Bergson, confiera : « Je ne les ai vus que très rarement dans leur corps physique, et dans ces rares cas, le rendez-vous fut pris, par eux, dans l'Astral : ils me rencontrèrent physiquement aux temps et lieux fixés à l'avance. Je crois que ce sont des êtres humains, vivant sur cette terre, mais qui possèdent des pouvoirs terribles et surhumains. [...] Je me sentais en contact avec une force si terrible que je puis la comparer à la sensation éprouvée, durant un orage, quand la foudre tombe près de soi. J'en perdais la respiration et suis plusieurs fois tombé en syncope. La prostration psychique s'accompagnait de sueurs froides et d'hémorragies par le nez et la bouche. »

La Golden Dawn, comme bien d'autres ordres, ainsi que nous l'avons vu, subit des luttes de pouvoir d'une rare violence qui aboutissent à des scissions parfois puissantes. Cela donne lieu à des opérations magiques d'envoûtement et de contre-envoûtement, séances dont une au moins faillit conduire au tombeau un des protagonistes. De ces conflits ont émergé d'autres sociétés secrètes : la Stella Matutina, communauté initiatique de rite celtique ; The Inner Light, association magique très fermée ; et les Thérapeutes de Saint-Raphaël, association de guérisseurs mystiques fondée par les chrétiens refusant la paganisation croissante de la Golden Dawn et l'apparition d'une conception luciférienne selon laquelle le bien absolu et le mal absolu se rejoindraient dans une sorte de sublime perfection hors de portée de l'humain ordinaire.

C'est sous cet angle, d'ailleurs, qu'il est intéressant d'aborder la question des relations entre le nazisme, Hitler et les sociétés secrètes.

Avec Johann Valentin Andreae et son fascinant Christian Rosenkreutz, mythique fondateur de la Rose-Croix, nous avons vu la postérité flatteuse dont peut bénéficier un faux en écriture à vocation spirite. Pendant près d'un demi-siècle, un ouvrage signé Hermann Rauschning, intitulé en français *Hitler m'a dit* a connu un égal succès, inspirant une infinité de commentaires sur la dimension ésotérique du nazisme et de son maître, Adolf Hitler.

L'ouvrage, publié en 1939 depuis la Suisse où Rauschning avait trouvé refuge après avoir été chassé de son poste de chef national-socialiste du sénat de Dantzig (poste qu'il n'occupa qu'un an, 1933-1934), fut même retenu comme pièce à conviction lors du procès de Nuremberg où l'on jugeait les « crimes de guerre ». Cette caution judiciaire et historique peut être tenue comme une circonstance atténuante au bénéfice de ceux qui ont si longtemps accordé crédit aux prétendues confidences du Reichsführer. Parmi eux, de réputés historiens – Poliakov, Weinberg, Bullock – et des écrivains dont, en France, Louis Pauwels et Jacques Bergier, auteurs de l'essai déjà mentionné – par ailleurs remarquable sur maints autres sujets – *Le Matin des magiciens*[1]. Aux États-Unis, l'industriel de l'automobile Henry Ford, antisémite fasciné par Hitler – décoré de l'aigle allemand par le pouvoir nazi en 1938 –, se chargea d'en assurer la promotion outre-Atlantique dans son hebdomadaire *The Dearborn Independent*, à l'audience assez faible en Amérique mais largement diffusé en Allemagne, et dans son livre *Le Juif international.*

---

1. *Op. cit.*

Il faut dire que la perspective qu'ouvrait le récit de Rauschning ne manquait pas de séduction. En résumé, il en ressortait que le nazisme n'était pas seulement une machine politique et guerrière influencée par diverses sociétés secrètes, mais à elle seule une hypersociété secrète qui les avait toutes englobées, syncrétisées et qui avait trouvé en Hitler et son verbe halluciné le messie capable de galvaniser les foules autour de la mission suprême, préparer le triomphe et la domination planétaire de la race aryenne en vue de l'avènement d'un nouvel ordre du monde et surtout de l'homme nouveau. L'homme-Dieu !

C'est ainsi que Rauschning fait tenir à Hitler des propos tels que : « L'idée de nation, j'ai dû m'en servir pour des raisons d'opportunité, mais je savais déjà qu'elle ne pouvait avoir qu'une valeur provisoire. Un jour viendra où il ne restera pas grand-chose, même chez nous en Allemagne, de ce qu'on appelle le nationalisme. Ce qu'il y aura sur le monde, c'est une confrérie universelle de maîtres et de seigneurs. [...] La politique n'est que la forme pratique et fragmentaire de ce destin. [...] Nous devons être brutaux. Nous devons le redevenir avec une conscience tranquille. Est-ce que je propose d'exterminer des nations entières ? Oui, cela aussi je le ferai. J'ai le droit naturel de détruire des millions d'hommes des races inférieures qui prolifèrent comme de la vermine. [...] Oui, nous voulons être des barbares. C'est un titre honorable. » Ou encore : « L'homme nouveau vit au milieu de nous, il est là ! [...] Je vais vous livrer un secret : je fonde un ordre. [...] C'est de là que sortira le second degré, celui de l'homme mesure et centre du monde, de l'homme-Dieu. »

Rauschning, assez obscur fonctionnaire nazi, évincé de son parti et réduit à l'exil en Suisse, se métamorphose ainsi en antinazi ardent. Revirement classique au demeurant. Il publie ces fausses confidences en 1939. Sans doute espère-t-il alerter l'opinion publique internationale sur la vraie nature du projet hitlérien. Mais au fond, la démarche est entachée d'ambiguïté. S'il la combat aux yeux de beaucoup, inconsciemment, en inscrivant la barbarie d'Hitler et du nazisme dans ces sphères ésotériques, il n'est pas loin de la magnifier pour d'autres, conférant à l'aventure nazie une dimension quasi surnaturelle et une aura, certes, douteuse, mais propre à impressionner certains esprits. En fait, ce montage va susciter et cautionner une kyrielle de théories tendant à doter le nazisme d'une profondeur ésotérique que sans doute il n'a pas et qui, en tout état de cause, ne l'absout en rien. À la place de profondeur ésotérique, on devrait parler de psychose délirante collective – commune à Hitler et à son noyau dur – mais qui – quoique psychotique et délirante – ne viendrait pas davantage, et en aucune façon, atténuer la responsabilité collective ou individuelle de ces criminels.

Le prétendu ésotérisme prêté à Hitler et aux nazis n'est pas de profondeur, il est d'abysses. Ces abysses qui s'ouvrent lorsque les digues de la raison sont rompues, abolies. Nous serions alors devant une sorte de démence lucide à quoi, effectivement, l'alibi « société secrète » va parfaitement convenir.

La falsification de Rauschning a été prouvée et dénoncée par l'historien suisse Wolfgang Hänel au terme de cinq années d'investigation. Depuis longtemps, le doute planait : comment Hitler avait-il pu se livrer à de telles confidences devant un subalterne sans relief qui n'avait jamais figuré au nombre de ses proches ni dans les premiers cercles du régime ? Comment se faisait-il que cet individu ait pu être le seul au monde à avoir entendu ces choses-là ?

Hänel découvrit que Rauschning, qui prétendait avoir passé « des centaines d'heures » en compagnie d'Hitler et avoir recueilli ses propos au cours de « douzaines de conversations », n'avait été en sa présence qu'à quatre occasions et jamais seul à seul. Par ailleurs, son enquête, publiée en 1983 dans le *Journal of Historical Review* révèle que Rauschning n'a pas imaginé ni écrit seul l'ouvrage. Il y a été incité par un journaliste antinazi d'origine hongroise, Emery Reves, et très aidé dans sa rédaction par un journaliste britannique, proche des « Services » de Sa Majesté, Henry Wickham Steed[1]. On trouve dans ces pages des emprunts à Ernst Jünger, à Nietzche, et même à Maupassant d'où est tirée une scène décrivant Hitler en transes visionnaires nocturnes.

Mais la vraie question n'est-elle pas de savoir comment ces fausses confidences ont pu convaincre, encore une fois, d'éminents historiens et des esprits réputés sérieux pendant près d'un demi-siècle ?

La première explication relève de l'opportunisme politique. Nous l'avons dit, dans l'immédiat après-guerre, ces écrits arrangeaient les gouvernements alliés et la propagande du moment. L'heure n'était pas à la vérité historique. Et l'on n'avait pas d'oreilles pour ceux qui « doutaient ».

La deuxième explication qui vient à l'esprit est que, tout bonnement, l'hypothèse n'est pas absurde. C'est un fait connu, à l'époque même, que les dignitaires nazis entretenaient des relations privilégiées avec des sociétés secrètes, telle la société Thulé, fondée en 1918, versée dans l'étude de l'Antiquité allemande et aryenne et qui a eu pour membres de futurs dignitaires nazis : Alfred Rosenberg, Rudolf Hess, Hans Frank. Pas assez secrète – elle crée un journal pour élargir son audience – et pas assez nazie, elle se dissout en 1925 dans l'Ahnenerbe, branche parascientifique moins visible et mieux disposée idéologiquement, au point qu'elle sera rattachée à la SS en 1938. C'est sous ses auspices que les « expérimentations » des médecins de la mort seront conduites dans les camps d'extermination.

Hitler lui-même s'intéressait beaucoup aux mystères des sociétés secrètes. De ce fait, présenter le nazisme comme « la société secrète supérieure », celle qui exerce l'autorité et le

1. Il était un proche collaborateur de sir Robert Vansittart, diplomate qui dirigea le Foreign Office et résolument antinazi.

pouvoir suprêmes, qui coiffe et manipule toutes les autres, n'était pas insensé.

La troisième explication, qui vaut surtout pour l'année de la sortie du livre, 1939, et les trois qui suivront, tient aux faits eux-mêmes. Les faits de guerre, s'entend, dans leur glaciale brutalité.

Les premiers mois, les premières années du conflit, les événements semblent échapper à la logique ordinaire. L'invasion de la Pologne, de la Belgique, de la France, chaque fois en quelques jours quand ce n'est pas quelques heures, Londres presque rayée de la carte par le Blitzkrieg, « la guerre éclair », ce n'est plus une armée en marche. C'est la foudre jupitérienne en action ! C'est une puissance au-delà de la puissance des nations et des peuples qui déferle sur le monde sans que l'on sache ni où, ni quand, ni qui l'arrêtera.

Alors Hitler et son mythique ordre noir – le noyau dur, le noyau « pur » de la SS organisée par Himmler – ces ombres sombres à tête de mort en parfaite communion de délire avec le Führer – peuvent se croire effectivement bénis des dieux. Bénis des divinités cosmiques et païennes qui fondent la mythologie aryenne.

Pauwels et Bergier écrivent : « Centrale d'énergie autour de la centrale mère, l'ordre noir isole tous ses membres du monde, à quelque degré initiatique qu'ils appartiennent. Bien entendu, ce n'est qu'un tout petit cercle de hauts gradés et de grands chefs SS qui furent au courant des théories et des revendications essentielles. Les membres n'en furent informés que lorsqu'on leur imposa, avant de se marier, de demander le consentement de leurs chefs, ou qu'on les plaça sous une juridiction propre, extrêmement rigoureuse d'ailleurs, mais dont l'effet était de les soustraire à la compétence de l'autorité civile. Ils virent alors qu'en dehors des lois de l'ordre ils n'avaient aucun devoir, et qu'il n'y avait plus pour eux d'existence privée [...]. » Les auteurs expliquent également que, s'ils en sont dignes, les cadets reçus dans les burgs[1] comprendront que « recevoir la mort » peut être interprété dans le sens de « mourir à soi-même ». Voici un écho lointain du mythe osirien de la mort à soi-même pour renaître à la lumière. Ici, la lumière ne semble pas promise au bout de l'initiation. Ces nouveaux admis s'entendent aussi seriner de terrifiantes maximes, telle : « La tragédie de la grandeur est d'avoir à fouler des cadavres. » En outre, malheur à quiconque se défile, tremble ou doute. Le chef met en garde : « Celui à qui le parti retirera le droit à la chemise brune, celui-là ne perdra pas seulement ses fonctions, mais il sera anéanti, dans sa personne, dans celles de sa famille, de sa femme et de ses enfants. Telles sont les lois, les dures lois de notre ordre. »

Himmler alla jusqu'à envisager pour la préservation de ces sujets d'élite de créer « des cités, des villages de vétérans répartis à travers le monde et ne relevant que de l'administration et de l'autorité de l'ordre ».

Aussi se gardera-t-on de confondre ce cercle d'initiés à tête de mort, imprégnés de la doctrine secrète, avec « le SS de type moyen, qui n'est qu'une machine sans âme, un robot de service ». Pour Bergier et Pauwels l'activité de l'ordre noir ne répond à aucune nécessité politique ou militaire : elle répond à une « nécessité magique ». Par cette activité et cette magie, il s'agit de transformer le monde pour « qu'une énergie s'en dégage, concentrée par des mages, une énergie psychique susceptible d'attirer les Puissances du Dehors, les Supérieurs Inconnus, les Maîtres du Cosmos. »

Les Supérieurs Inconnus, nous voici revenus du côté de Mathers, de la Golden Dawn, et des excroissances rosicruciennes.

La bienveillance cosmique dont Hitler se croit nimbé s'évanouit dans les immensités glacées de la Russie. La foudre jupitérienne y fait long feu. Le Führer, qui se croyait

1. Lieux de l'initiation (N.D.A.).

en lien privilégié avec les puissances de la nature, les divinités du temps qu'il fait, s'est convaincu que ses armées n'auraient pas à affronter le général hiver. En tout cas, pas dans sa violence ordinaire. Ses experts – disciples du savant tutélaire de la science nationale socialiste, Hans Hörbiger[1] –, qui se faisaient fort de prédire le climat des semaines, des mois à l'avance, annonçaient un hiver doux. Confiant en leurs pronostics autant qu'en la mansuétude des astres et des vents, Hitler aurait négligé l'équipement de ses troupes contre la froidure. Il n'aurait fait ajouter au paquetage de ses soldats qu'une écharpe et des gants. Au général Guderian, qui aurait tenté de l'alerter sur ce point, le Führer aurait répondu : « Le froid, j'en fais mon affaire. Attaquez ! »

Il était convaincu, écrivent Pauwels et Bergier, que là où il avancerait le froid reculerait. « Il était intimement persuadé qu'il avait fait alliance avec le froid [...]. L'hiver céderait devant ses légions porteuses de la flamme. » Cette lubie eut pour réponse un drame horrible et pitoyable : des fantassins par milliers terrassés par le gel dans les plaines russes de Stalingrad.

Les écrits de Rauschning, les interprétations qui en ont été faites, et qui circulent encore aujourd'hui bien que la fausseté du document soit établie, ont contribué à créditer Hitler et le nazisme d'une prétendue dimension ésotérique.

---

1. Selon Hitler, « il y a une science nordique et nationale-socialiste qui s'oppose à la science judéo-libérale ». Hans Hörbiger incarne cette science. Pour le Führer, il est le « Copernic du XXe siècle ». Hörbiger assure détenir l'explication définitive de l'Univers. Pour lui « glace et feu, répulsion et attraction luttent éternellement dans l'Univers. Cette lutte détermine la vie, la mort et la renaissance perpétuelle du cosmos ».

Pour l'idéologie nazie, « le mérite impérissable d'Hörbiger est d'avoir ressuscité puissamment la connaissance intuitive de nos ancêtres par le conflit éternel du feu et de la glace ». Ainsi, depuis l'origine, les Aryens seraient détendeurs de la vérité de l'Univers, une vérité où mythologie et science se rejoignent.

Y accorder intérêt ne saurait être neutre. Ni totalement innocent. Aussi en resterons-nous délibérément aux manifestations exotériques de leur action, de leur catéchisme. Manifestations que nous savons hélas parfaitement nommer : ce sont Buchenwald, Dachau, Auschwitz... Et tant d'autres crimes d'une litanie sans fin.

10

Lumière et obscurité des illuminés

La caractéristique dominante de l'illuminisme serait-elle l'ambivalence, voire l'ambiguïté ? Soit ce courant apparu au XVIIIe siècle est effectivement porteur d'une doctrine théosophique et philosophique originale selon laquelle, par illumination divine, l'être humain est en lien direct avec Dieu - cela sous-entend, comme pour la Rose-Croix, la négation des structures religieuses mais aussi, et surtout, la condamnation du rationalisme matérialiste dont les philosophes des Lumières seraient les zélateurs –, soit il ne recouvre qu'une dénomination, une présentation nouvelle de l'ésotérisme le plus traditionnel. Il ne serait alors qu'un masque de modernité appliqué sur une réalité des plus anciennes. Cette ambiguïté va ouvrir la porte à des interprétations et des mises en œuvre fort diverses, parfois même contradictoires.

Joseph de Maistre, lui-même inspiré par le martinisme et franc-maçon, a fort bien exprimé les réserves que cet état de fait suscite.

Il souligne tout d'abord la faiblesse doctrinale des Illuminés : « Les connaissances surnaturelles sont le grand but et de leurs travaux et de leurs espérances », écrit-il dans un des entretiens des *Soirées de Saint-Pétersbourg*. « Ils ne doutent point qu'il soit possible à l'homme de se mettre en communication avec le monde spirituel, d'avoir un commerce avec les esprits et de découvrir ainsi les plus rares mystères. Leur coutume invariable est de donner des noms extraordinaires aux choses les plus connues sous des noms consacrés : ainsi un homme pour eux est un mineur, et sa naissance, émancipation. Le péché originel s'appelle le crime primitif [...] et les peines infligées des pâtiments. Souvent je les ai tenus moi-même en pâtiment lorsqu'il m'arrivait de leur soutenir que tout ce qu'ils disaient de vrai n'était que le catéchisme couvert de mots étranges. »

Dans un autre entretien, le philosophe stigmatise un autre aspect de cette ambiguïté : le même vocable, illuminés, désigne aussi bien les activistes anarchisants allemands qui ont sévi en Bavière, que les purs idéalistes rassemblés sous la férule vertueuse de Louis-Claude de Saint-Martin, tout entier concentré, semble-t-il, sur la recherche de l'authentique loi de Dieu, celle des origines. Bref, il y aurait les illuminés des ténèbres et les illuminés de la lumière. La dualité n'est pas nouvelle. Nous l'avons vu s'immiscer au sein de cultes anciens, mais dans le contexte historique de l'époque, le XVIIIe siècle et les prémices de la Révolution française, elle va prendre une importance considérable.

L'antériorité historique de ce courant – il en faut bien une – serait une branche gnostique ibérique de la fin du XVe siècle, les alumbrados. Cependant, l'illuminisme aurait pour sources doctrinales principales les écrits et enseignements de deux personnages singuliers, l'Allemand Jakob Böhme (1575-1624) et le Suédois Emanuel Swedenborg (1688-1772).

Le premier, fils de paysans allemands pauvres, exerça sa vie entière le métier de cordonnier. Il avouera n'avoir lu aucun livre, mais avoir trouvé en lui-même le livre qu'il allait lire et transcrire là aussi sa vie entière. Il est saisi d'illuminations à plusieurs reprises. Elles le transportent dans une extase intense. L'une d'elles le fait même accéder au secret conseil de Dieu.

Jakob Böhme croit en la préexistence céleste de l'homme. Son drame spirituel et existentiel vient de la perte de ce qu'il appelle la « Sophia », en quelque sorte son androgynie originelle, un état de pureté et de chasteté absolus d'avant le péché lui aussi originel. La part féminine s'étant séparée de l'entité, l'homme bascule dans le désir, la concupiscence. À la vierge des origines paradisiaques succède alors la femme, Ève, objet de convoitise charnelle. Pour Böhme et ses continuateurs, l'ascèse vise à renouer avec l'intégrité perdue de la Sophia dans la quête et la célébration de noces célestes qui ne sont pas sans rappeler les hiérogamies des cultes anciens de l'Égypte et de la Grèce.

Si Jakob Böhme n'a lu aucun livre, il semble bien que, à l'inverse, le Suédois Emanuel Swedenborg, lui, les ait tous lus ! D'une précocité intellectuelle hors du commun, il mène au plus haut niveau des études de philosophie, de physique, de mécanique, d'optique, de géodésie, de mathématiques, de balistique. Il publie des recherches sur le calcul intégral, sur la nature de l'atome. Et bien sûr, il s'intéresse au magnétisme et aux sciences moins académiques telles que, très certainement, l'alchimie. L'homme connaît une carrière brillante, à hauteur de ses mérites. Couvert d'honneurs et de faveurs par son roi, Charles XII, il est élu à l'Académie royale, puis nommé sénateur et chargé par le monarque de l'inspection générale du génie militaire.

Soudain, à cinquante ans passés, il se détourne de tout ce qui a fait sa vie jusqu'alors, abandonne ses charges pour se consacrer à la recherche spirituelle. Rupture radicale, virage mystique sidérant. Ce sont aussi ces deux existences en une seule qui feront dire à Jacques Matter, le biographe du penseur suédois, qu'il représente « la plus grande conciliation qui ait jamais été tentée entre le naturel et le surnaturel, le rationnel et le merveilleux[1] ».

1. Matter (Jacques), *Swedenborg: sa vie, ses écrits, sa doctrine*, Éditions Didier et Cie, 1863.

Voici comment Swedenborg lui-même raconte l'expérience de la révélation : « Je dînais fort tard dans mon auberge de Londres et je mangeais avec grand appétit lorsque, à la fin de mon repas, je m'aperçus qu'une sorte de brouillard se répandait sur mes yeux, et que le plancher de ma chambre était couvert de reptiles hideux. Ils disparurent, et je vis clairement, au milieu d'une lumière vive, un homme qui me dit d'une voix terrible : "Ne mange pas tant !" La nuit suivante, le même homme rayonnant de lumière vive se présente à moi et me dit : "Je suis le Suprême Créateur et Rédempteur. Je t'ai choisi pour expliquer aux hommes le sens intérieur et spirituel des Écritures sacrées. Je te dicterai ce que tu dois écrire." Le Seigneur était vêtu de pourpre et la vision dura un quart d'heure. Cette nuit même, les yeux de mon intérieur se trouvèrent ouverts et disposés pour voir dans le Ciel, le monde des esprits et dans les Enfers, où je trouvai plusieurs personnes de ma connaissance. »

Ces derniers mots, « je trouvai plusieurs personnes de ma connaissance », ont de quoi surprendre. On ne s'attendrait pas à ce que, dans le monde des esprits ou au profond des Enfers, les êtres aient l'apparence qu'ils ont aux dîners en ville ou dans les salons. En fait, dans la conception que Swedenborg a de l'au-delà, cela est en totale cohérence. Il nous montre un paradis en pleine correspondance avec la terre. Le ciel y a ses paysages de campagne et de forêts. Les anges font dans l'autre monde swedenborgien tout ce que l'homme fait dans celui-ci. Ainsi, ils vont à l'école, éventuellement à l'université, ils font du commerce puisqu'il existerait en bourse céleste. Ils se marient : « Il ne faut pas inférer que les époux célestes ne connaissent pas la volupté », écrit Swedenborg dans *La Nouvelle Jérusalem et sa doctrine céleste*. « Les Anges des deux sexes sont toujours dans le point le plus parfait de beauté, de jeunesse et de vigueur ; ils ont donc les dernières voluptés de l'amour conjugal, et bien plus délicieuses que les mortels ne peuvent les avoir. »

On ne sera guère surpris que, sur la promesse d'un tel au-delà, l'illuminisme du philosophe suédois ait connu le succès. N'évoque-t-on pas le chiffre de vingt mille adeptes en Angleterre en 1788 ?

Ces conceptions attisent l'ironie de certains, certes. Il est tentant en effet de sourire au récit de la révélation céleste dans la brume d'une chambre d'auberge après un dîner plantureux, sans doute bien arrosé, apparition merveilleuse conclue par cette exhortation d'une élévation toute divine : « Ne mange pas tant ! » Également dans le registre de l'ironie, Pierre-Nicolas Buret de Longchamps, un contemporain, auteur des *Fastes universels*, écrit : « Emmanuel Swedenborg se croit transporté dans le monde spirituel et céleste, il fait sa société des anges, voyage dans les planètes et dans les astres, et il y tient des conférences fréquentes avec les esprits célestes qui, à ce qu'il prétend, lui apparaissent. »

Cependant, des faits remarquables sont attachés à la personne de Swedenborg. L'un d'eux a même suscité l'intérêt d'un des philosophes les plus importants de l'histoire de la philosophie et dont l'esprit de fantaisie ne saurait être la marque dominante, Emmanuel Kant. Cet épisode rappelle la vision d'Apollonios de Tyane se trouvant à Éphèse et assistant « en direct » à l'assassinat du tyran Domitien pourtant perpétré très loin de là, à Rome.

L'événement concernant Swedenborg se passe à Göteborg. L'anecdote nous est rapportée par Matter. Emanuel Swedenborg, rentrant d'Angleterre, fait halte chez un de ses amis qui habite cette ville. Nous sommes fin septembre 1759, un samedi. L'hôte, William Castel, a réuni autour du visiteur une quinzaine de personnes. Vers dix-huit heures, Swedenborg sort du salon, y reparaît quelques instants plus tard bouleversé, la mine défaite. Il confie qu'il vient d'avoir une vision : Stockholm en proie à un terrible incendie dont les flammes se propagent « avec violence vers sa propre demeure ». Deux heures plus tard, de nouveau sorti du salon, il a une nouvelle vision. Cette fois, il montre un tout autre visage lorsqu'il rejoint les invités. « Grâce à Dieu », leur annonce-t-il, « l'incendie s'est arrêté à la troisième porte qui précède la mienne. »

Le lendemain, le dimanche, le gouverneur de Göteborg, qui a eu vent du « prodige », interroge Swedenborg. Celui-ci lui fait un récit circonstancié du sinistre. Ce récit sera confirmé jusque dans ses moindres détails par les dépêches qui n'arriveront de Stockholm que le lundi.

Apprenant ce fait extraordinaire, Kant, en bon philosophe qui ne s'en laisse pas conter, charge un de ses amis suédois de mener l'enquête tant à Göteborg qu'à Stockholm. Au terme de ses investigations, l'ami de Kant ne peut que confirmer la véracité de l'anecdote.

L'influence de Swedenborg a été considérable. Encore aujourd'hui des communautés spiritualistes s'inspirent de sa pensée, puisant dans le foisonnement de ses très nombreux écrits des enseignements, des révélations propres à nourrir et enrichir leur quête. En outre, le cas Swedenborg présente l'intérêt de poser la question fondamentale de la possibilité ou de l'impossibilité de confronter l'occultisme, le spiritualisme, ou plus largement encore les sociétés secrètes et leurs doctrines si diverses, avec la raison, d'appliquer à ces théories, à ces convictions, une méthode analytique rationnelle, exotérique. Matter conclut, lui, à l'impossibilité : « Les écrits, la doctrine de Swedenborg offrent le fruit d'une illumination qu'il est impossible de soumettre à la raison sans la faire évanouir. »

Là est peut-être la sublime grandeur de ces recherches mystiques. Mais aussi leur fragilité, c'est-à-dire la source même de l'incrédulité, du scepticisme, du rejet, voire de l'hostilité qu'elles rencontrent, car ces vérités primordiales, ces révélations ultimes qui systématiquement s'évanouissent à l'approche de la raison sont aussi la marchandise reine des impostures.

On connaît la réponse cynique mais intellectuellement si jubilatoire que reçoit, paraît-il, l'initié de certaine loge illuministe en toute fin de parcours, lorsqu'il a franchi tous les obstacles, obtenu tous les grades, satisfait à toutes les épreuves, appris tous les préceptes, ingéré et digéré toute la doctrine : « Le secret est qu'il n'y a pas de secret. »

Bien sûr, on peut opposer à cela l'argument qui consiste à prétendre que cette réponse aussi a un sens caché. Ce sens serait : « Il n'y a pas de secret pour celui qui est ce que tu es. Celui que tu es après le chemin parcouru. Le secret est en toi. Il te reste cet ultime pas à franchir, cette ultime quête à mener. Tu disposes désormais des connaissances secrètes qu'il faut pour cela. » L'hiérophante qui accueille l'adepte, le tout nouveau prêtre d'Isis-Osiris, ne dit pas autre chose, ainsi que nous l'avons vu : « La vérité ne se donne pas. On la trouve en soi ou on ne la trouve pas. Ne hâte pas l'éclosion de la Fleur de Vie », tels sont ses mots.

Assertion intemporelle et universelle en cela que, en dehors de toute approche ésotérique, elle est pertinente au plan banalement humain, moral, mental, psychologique, comportemental. Ne pas hâter l'éclosion.

Parmi les disciples de Swedenborg, l'un d'eux fera lui-même école : Martinès de Pasqually (1727-1774), membre de la Rose-Croix comme cela a déjà été mentionné, fondateur de la doctrine ésotérique dérivée de son nom, le martinisme, et de la société secrète au sein de laquelle ses fidèles sont regroupés, l'ordre des Chevaliers maçons élus coëns de l'Univers. En 1754, il établit à Paris un centre illuministe dont « le recrutement était très méticuleux. Les travaux portaient sur l'étude de la magie, sur le rituel des évocations d'esprits [1] ». Martinès de Pasqually aura lui-même de nombreux adeptes, dont Louis-Claude de Saint-Martin – *alias* le

1. PAPUS, *De l'état des sociétés secrètes en France à l'époque de la Révolution française*, Chamuel, 1894.

Philosophe Inconnu[1] – (1743-1803), Jean-Baptiste Willermoz (1730-1824) – « le haut maçon lyonnais » – et, disciple posthume, Papus lui-même. Saint-Martin qui est aussi franc-maçon s'emploiera avec plus ou moins de succès à introduire le martinisme dans les loges maçonniques. Mais il s'éloignera de la franc-maçonnerie et ne fondera jamais ni ordre ni communauté. Peu convaincu de la pertinence de l'initiation selon les rites, il privilégie l'initiation personnelle, celle que l'individu se donne à lui-même, « en son esprit et son cœur ». En cela il s'éloigne du dogme si fortement ancré qui veut que l'élévation vers la lumière, l'appréhension des mystères ne puissent s'opérer qu'au sein d'une fraternité structurée, hiérarchisée et secrète. Le principal ouvrage connu de lui a pour titre *Des Erreurs et de la Vérité*. En octobre 1776, dans une lettre à D'Alembert, Voltaire écrit à propos de cet ouvrage : « Jamais on n'imprimera rien de plus absurde, de plus obscur, de plus fou et de plus sot. » Sans aucun doute, les martinistes opposeront à cette critique cinglante que le sens profond, le sens caché, le sens ésotérique du texte aura échappé au vieux sage de Ferney.

Il est bien évident, comme nous l'avons déjà suggéré, que le cloisonnement entre les cénacles spiritualistes, kabbalistes, occultistes, alchimistes et les loges maçonniques n'est pas, du moins à cette époque, clairement défini. Des membres appartiennent aux uns et aux autres, quittent l'un pour rejoindre l'autre, ce qui ne manquera pas d'entraîner des confusions, des malentendus et des amalgames lorsqu'il s'agira, par exemple, d'évaluer la part prise par telle ou telle société secrète dans le déclenchement et la conduite de la Révolution française. En fait, nous avons ici affaire à des personnages qui sont à la fois rosicruciens, illuministes, martinistes, willermozistes, francs-maçons et qui, pour la

1. Cela deviendra un haut grade dans l'ordre martiniste créé plus tard par Papus.

plupart, se veulent encore, avec plus ou moins de conviction, fidèles au christianisme. On pourrait citer, parmi bien d'autres, le cas d'un ancien colonel d'infanterie, Bacon de la Chevalerie, qui fut martiniste et grand orateur au Grand Orient. Il passe pour avoir créé la loge androgyne la Candeur dont la duchesse de Lamballe était membre. L'époque connaît aussi quelques scandales qui brouillent encore un peu plus les cartes, par exemple le trafic lucratif de grades maçonniques auquel se livre un maître maçon, un certain du Guers.

Papus rapporte à son sujet une anecdote surprenante. Martinès de Pasqually découvre le trafic. Il veut poursuivre l'indélicat en justice et s'adresse à un magistrat, le juge d'Arches, qui se dérobe. Une telle affaire touchant au secret des loges n'a pas à être instruite par la justice officielle. Il conseille à Martinès de régler le problème en interne. Le maître s'y conforme et entreprend de faire juger l'escroc par ses propres instances. « Nous fîmes son procès et fut donné arrêt par le tribunal secret le 5 janvier 1769 », rapporte-t-il. « Le lendemain matin, je fus venu moi-même porter l'arrêt à M. d'Arches à qui je fis la lecture qu'il trouva bien et digne des provocations de cet homme inique. » Nous voyons ici un magistrat officiel entériner le jugement d'un tribunal occulte. Surprenant ! Papus s'en fait évidemment gloire.

Les exemples de trafic ne manquent pas. Ils fleurissent au sein des éventuelles pépinières de vanités, ce que la franc-maçonnerie ne manque pas de paraître aux yeux de certains. Nous avons, à Paris au XVIIIe siècle, la combine prospère d'un certain chevalier Bauchanie, vénérable plus au moins autoproclamé, domicilié au cabaret *Le Soleil d'Or*, rue Saint-Victor. Là, se réunit sa loge, et pour six francs de bon argent, il assure en une seule et unique séance l'initiation et l'élévation à tous les grades. Plus près de nous, aux XIXe et XXe siècles, nous avons en Espagne – en France aussi paraît-il, mais les preuves manquent – quelques « Grands Maîtres Templiers » improvisés faisant commerce de commanderies, elles aussi en Espagne, cela va de soi. Les acquéreurs se bousculaient, assure-t-on.

Sur le plan spirituel, pour l'illuminisme martiniste, il s'agit d'atteindre un état psychique qui permette d'accéder au grand mystère, à la révélation sublime, dénommée ici « La Chose ». Martinès de Pasqually en précise les contours dans une lettre qu'il adresse à son disciple Willermoz : « La Chose demande des preuves sûres et très sérieuses d'un dévouement sans borne. Le jour où vous en serez digne, les phénomènes viendront. » Ces derniers s'offrent sous forme de visions. « Ces visions sont couleur de flamme de bougie blanche, poursuit le maître. Vous verrez des étincelles, vous aurez la chair de poule partout sur votre corps, cela annonce le principe de la traction que La Chose fait avec celui qui travaille. » Il ajoute enfin : « De simples émules que j'ai sous l'ordination du Grand Architecte y parviennent de nuit comme de jour. Ils vous font passer leurs certificats de visions faits et signés de leur propre main pour que vous soyez convaincu de leur succès dans l'ordre. » Ces émules disposés à transmettre leurs certificats de visions sont au nombre de quatre.

Papus révèlera que Willermoz mit plus de dix ans (en fait treize ans) à obtenir des faits probants, c'est-à-dire « faire apparaître des êtres étranges d'une nature différente de la nature humaine terrestre, prenant la parole et proférant de profonds enseignements ». Pour obtenir ce résultat, Willermoz aura suivi à la lettre et avec constance les préconisations du maître : « Vous ferez un cercle avec de la craie blanche. Vous tracerez aussi votre CdC quart de cercle (*sic*) vers l'angle d'Est. Cela fait, vous vous prosternerez la face entière dans le cercle que vous aurez fait au centre de votre chambre, le sommet de votre tête étant en prosternation regardera l'angle Est. Vous vous prosternerez le 22 du mois prochain, jour d'équinoxe. »

On imagine assez bien qu'au terme d'une pratique si constante l'individu finisse par atteindre un état favorisant les visions les plus exaltantes…

11

La révolution illuminati

Avec Adam Weishaupt (1748-1830), nous abordons ce que nous avons qualifié d'illuminisme des Ténèbres. En fait, nous ne faisons là que reprendre un jugement moral constamment émis à propos de Weishaupt et de ses disciples. Jugement qui fait de ce courant une sorte d'hérésie, une trahison inexpiable des principes initiaux de l'illuminisme. Il est vrai, comme le note Joseph de Maistre, qu'il y a entre les illuminés de Saint-Martin ou de Papus et ceux de Weishaupt bien plus qu'une divergence doctrinale. Sous la même dénomination, nous nous trouvons devant deux réalités complètement étrangères l'une à l'autre. Pire, antinomiques.

À la place d'hérésie, nous parlerons de rupture radicale, on pourrait dire d'une révolution. En ce sens, Weishaupt et ses illuminati de Bavière représentent, du point de vue historique, l'avatar le plus intéressant de l'illuminisme.

Adam Weishaupt peut apparaître comme un homme en butte à un réel sentiment d'insatisfaction. Brillant élève des jésuites et non moins brillant étudiant en droit canonique, il est nommé, à un peu plus de vingt ans, professeur dans cette discipline à l'université d'Ingolstadt. Précocité exceptionnelle qui, sans doute, aura fait naître chez lui, assez légitimement d'ailleurs, l'espoir d'une carrière aussi fulgurante que glorieuse. Hélas, il n'en sera rien. Il ne se fond pas dans le moule. Il se montre trop raisonneur, trop sceptique sur le plan religieux, trop peu respectueux des institutions. Il passe bientôt pour être libre penseur. Il aurait trop lu Voltaire. La hiérarchie universitaire se défie de lui. Par ailleurs, il se sent mal dans son époque.

Il envisage de rejoindre la franc-maçonnerie qui lui semble être le seul cénacle où ses grandes qualités trouveraient à s'exercer et seraient enfin reconnues. Il prend contact avec une loge à Nuremberg, puis se tourne vers une autre, à Munich. Dans les deux cas il décline la proposition d'entretien préalable à son éventuelle admission. On a pu dire que c'était pour des raisons financières qu'il aurait reculé, rebuté par les dépenses de voyage et d'adhésion. On peut aussi supposer que, imaginant qu'il serait accepté d'emblée, il ne pensait pas devoir être soumis à une sorte d'examen de passage, prélude à l'acceptation, lui, le précoce et brillant professeur d'université. Il semble surtout que, entre-temps, il ait lu beaucoup d'ouvrages maçonniques, qu'il se soit renseigné, et qu'il ait été, là encore, déçu. Il n'allait pas trouver dans ces loges ce qu'il attendait. Il ne lui restait plus qu'à créer son propre ordre, ce qui au fond était peut-être sa secrète intention dès le début.

Il le fonde en mai 1776. L'emblème en sera la chouette de Minerve, l'oiseau qui se cache le jour, qui ne prend son envol que tardivement, au crépuscule, comme le soulignera Hegel, mais qui voit dans la nuit. Après avoir envisagé de le baptiser « ordre des perfectibilistes », il optera pour ordre des illuminés, ce qui offre la sacro-sainte opportunité de le rattacher à un courant existant et de lui conférer la fameuse légitimité par l'antériorité.

Les débuts sont laborieux. Le recrutement s'effectue avec difficulté. Des candidats se lassent devant ce qui leur semble être un vide doctrinal, une impréparation dans l'organisation de la structure, une trop grande imprécision des orientations et des finalités. Ils attendent du connu là où on entend les entraîner vers de l'inconnu. Déçus, ils renoncent.

Le flou qu'ils reprochent vient de ce que Weishaupt ne peut dévoiler en clair ses intentions, le but véritable de son action. Il ne les révélera d'ailleurs qu'aux seuls initiés du plus haut grade. La structure de son ordre est calquée sur le modèle maçonnique à quelques variantes près. Dans la forme achevée, en 1779, l'ordre comporte ainsi trois grades : profane, minerval et minerval illuminé, assortis plus tard de divers degrés. Un collège supérieur, les aéropagites, dont les membres ne sont pas connus des adeptes, chapeaute l'ensemble. En fait, Weishaupt, qui s'arroge le titre de général, en est le vrai maître.

Bien qu'il n'ait aucune considération pour la franc-maçonnerie, un an après la création de son conventicule illuministe, il se fait initier dans une loge munichoise. L'idée est de s'inspirer de son organisation interne, mais aussi de recruter parmi les maçons et de propager dans cette loge d'abord, puis dans d'autres, ses propres idées.

À cette période, il rencontre le baron von Knigge qui le secondera de manière importante dans la mise en place de son ordre. Knigge et Weishaupt sont, pourrait-on dire, en communauté d'insatisfaction. Si Weishaupt n'a pas la carrière universitaire qu'il pouvait espérer, il se colporte que le baron devait, quant à lui, digérer l'amère déconvenue de ne pas être admis à s'élever au-dessus du grade d'apprenti au sein de sa loge, soit le plus bas grade dans la hiérarchie maçonnique. De même se serait-il heurté à un échec lorsqu'il aurait tenté d'intégrer l'ordre de la Rose-Croix d'Or. Il en vient alors à penser que si la franc-maçonnerie le bloque dans sa progression, c'est qu'elle n'est pas ce qu'elle devrait être et il se donne pour mission de la réformer. Il y travaille en effet, lance ses propositions lors d'un convent. Sans succès. Cependant, Weishaupt, qui a besoin de développer son embryon de société secrète, voit là une opportunité. De fait, la collaboration du baron va lui être très utile.

Une fois encore, quelque temps plus tard, un conflit surgira, une guerre des chefs. Knigge, demeuré catholique, s'effraie du tour de plus en plus antireligieux que Weishaupt entend donner à la doctrine. Et ce dernier n'apprécie guère que le baron se considère comme son *alter ego* dans la direction de l'ordre et non pas comme son subalterne. En 1784, la séparation est consommée.

Il paraît évident que dès l'origine Weishaupt voulait organiser son obédience à la manière d'une sorte de milices. Ou de sectes si l'on en croit ses ennemis. Selon eux, les membres sont soumis à une obéissance absolue et à une surveillance permanente. Leur correspondance peut être contrôlée. Des frères scrutateurs sont chargés d'épier leurs faits et gestes, de juger leur comportement, allant jusqu'à les surprendre dans leur sommeil. Avant son éventuelle admission, l'impétrant doit répondre à plusieurs centaines de questions portant sur son mode d'existence, son éducation, son entourage, ses goûts, ses habitudes, ses qualités, ses défauts, ses travers, ses vices éventuels, sa santé. L'impétrant doit faire le récit circonstancié de sa vie sous la forme d'une confession totale, intime. Il reçoit un nom mystique et il doit décrire avec minutie la personnalité nouvelle que ce nom symbolique lui confère. Le membre ne doit pas craindre d'espionner son supérieur, de dénoncer les moindres manquements des autres membres. Cette activité de « frère scrutateur », de « vigilant », s'étend, dit-on, au-delà de l'ordre même ; l'adepte devient un espion permanent infiltré dans la société et il a l'obligation de faire remonter à sa hiérarchie tout ce qu'il est amené à voir, entendre, comprendre du monde qui l'entoure. Par ailleurs, afin d'atteindre un haut niveau d'excellence, il doit chercher sans cesse à se cultiver, à perfectionner ses connaissances, sa maîtrise des langues anciennes et étrangères. Il lui est ordonné de se détourner de la métaphysique et de la théologie pour privilégier les sciences du concret : économie, histoire politique, organisation sociale, droit… Ainsi, tout au long de son cheminement au sein de l'ordre, l'adepte serait sous l'emprise de ce système fondé sur la mégalomanie paranoïaque de son chef suprême, diront certains, sur les impératifs de la lutte révolutionnaire, diront d'autres.

Il n'est pas exclu qu'une réelle exigence et des pratiques de cette sorte aient prévalu dans le recrutement et la discipline générale, cela dit on imagine mal que des personnages d'un niveau social et intellectuel, tels qu'il s'en trouve tant parmi les quinze cents adeptes identifiés de l'ordre, puissent être soumis à ces rigueurs humiliantes. Ce sont Johann Gottfried von Herder, philosophe, poète, disciple de Kant, mentor de Goethe ; Johann Joachim Christoph Bode, musicien, journaliste, éditeur des œuvres de Goethe et de Herder, franc-maçon de haut grade ; le duc Charles-Auguste de Saxe-Weimar-Eisenach ; le prince Auguste de Saxe-Gotha-Altenburg ; le géographe spécialiste du Brésil, Wilhelm Ludwig von Eschwege ; Charles-Guillaume-Ferdinand de Brunswick-Wolfenbüttel, général prussien ; Philippe-Frédéric de Dietrich, maire de Strasbourg, guillotiné sous la Terreur en 1793 ; etc. Ceux-là sans doute échappaient-ils à la règle disciplinaire commune, car Weishaupt n'ignorait pas que l'adhésion – parfois inattendue – de ces grands noms à son projet en assurait le succès à travers l'Allemagne et au-delà. Il semble que Mirabeau ait été du nombre.

Cagliostro[1] aussi aurait été reçu dans cet ordre, mais bien tardivement, à Francfort en 1791. Le fait, comme si souvent lorsqu'il s'agit de ce personnage, est sujet à caution. Pour son initiation il aurait été entraîné à l'écart de la ville dans un souterrain débouchant sur une sorte de temple maçonnique. Là, devant un autel, il aurait dû se prosterner. Les officiants se seraient présentés comme étant les « Grands Maîtres des Templiers » (sic). Quant au serment que l'impétrant aurait eu à prononcer, il l'engageait à venger le temple martyr par la destruction de tous les despotismes. Une liste de douze noms, écrits sur un parchemin avec du sang humain, lui

1. Dans son roman *Joseph Balsamo*, Alexandre Dumas met en scène Cagliostro et les illuminés de Bavière dans l'affaire du collier de la reine.

aurait alors été dévoilée. Ces douze noms, dont le sien, naturellement, auraient été ceux des personnages que les « Maîtres Secrets du Temple » auraient « élus » pour mener à bien cette vengeance. Il n'est pas douteux que cela n'est qu'une fable. En 1791, l'ordre des illuminés de Bavière, s'il existait encore de manière aussi formelle, n'aurait pas davantage procédé à cette mise en scène romantico-barroque qu'il ne l'avait fait auparavant, et la référence aux « Grands Maîtres des Templiers » y serait apparue comme une fulgurante innovation.

L'ordre conçu par celui qui, à l'imitation de l'usage en cours chez les jésuites à qui il doit sa formation, s'est donné le grade de général, est au fond une machine de guerre qui avance sous le masque d'une loge maçonnique. Le but dévoilé aux hauts grades est sans ambiguïté : « Nous travaillons à restituer à l'homme méritant son salaire jusqu'alors arraché illégitimement ; à rendre leurs forces aux faibles ; à ceux qui sont tombés les moyens de s'améliorer ; aux méchants leurs chaînes, et à l'humanité sa haute dignité. » Quant au recrutement, il se veut socialement le plus large : « Il est indifférent à l'ordre que ses membres soient riches ou pauvres, fils de prince ou artisans. [...] Il recherche le moins possible les importants et les riches. » Derrière la profession de foi se profile le programme politique : abolition de la monarchie et du cléricalisme dans ce qu'ils ont de préjudiciable à la liberté et à la dignité de l'homme.

Ces conceptions jugées extrêmes ne tardent pas à susciter le trouble au sein des loges maçonniques qui se voient peu à peu infiltrées. Dès le début des années 1780, certains dénoncent la présence des illuminati dans les temples.

En 1782, il s'agit de bien autre chose. Lors du convent maçonnique de Wilhelmsbad, Bode, adepte des illuminati et franc-maçon, obtient l'adoption d'une réforme très importante : l'autonomie des loges. Celles-ci pourront désormais s'administrer elles-mêmes. Sous couvert de les libérer des tutelles traditionnelles, il s'agit d'en livrer la gouvernance aux illuminati infiltrés. Cela n'est rien d'autre qu'un coup d'État qui ne dit pas son nom.

La manœuvre ne passe pas inaperçue. Bientôt, des écrits hostiles à l'ordre apparaissent. Les pouvoirs civils et religieux s'émeuvent. Un premier décret frappant d'interdiction les sociétés secrètes est pris en juin 1874 afin de donner satisfaction à l'opinion publique. Weishaupt ne s'en inquiète pas outre mesure. Le décret ne devrait pas être appliqué avec une trop grande rigueur puisque le prince électeur, Charles-Théodore de Bavière, signataire de l'arrêt, serait lui-même franc-maçon. L'ordre ne se dissout donc pas. Par prudence, les réunions ont lieu désormais sous la forme anodine de salons de lecture. Mais des documents compromettants sur la vraie nature de l'ordre et ses buts secrets sont bientôt découverts sur la dépouille d'un émissaire du « général » tué par la foudre en Silésie, ce qui prouve d'ailleurs que l'ordre s'est développé à travers l'Allemagne entière. La situation devient préoccupante. Un nouveau décret d'interdiction est pris en mars 1785, visant cette fois-ci le seul ordre des illuminés. Weishaupt, sans doute bien informé, a fui quelques jours plus tôt pour se réfugier en Saxe, sous la protection d'un de ses illustres disciples, le duc Charles-Auguste de Saxe-Weimar-Eisenach.

Même si un noyau survivra probablement en Saxe jusqu'en 1789, cet interdit marque à fois la fin de l'existence « officielle » des illuminés de Bavière en tant qu'ordre structuré, et le vrai début de son influence réelle ou fantasmée sur les grands événements du monde de la fin du XVIIIe siècle à aujourd'hui. Quant à Weishaupt, il passera le reste de ses jours à Gotha, en Saxe, où il meurt en 1830. Ces quarante longues années qui s'écoulent entre la fin officielle de l'ordre et le tombeau, il semble bien qu'il les consacre à son œuvre d'écrivain et de penseur. Néanmoins, certains considèrent qu'il reste l'inspirateur de groupuscules illuminati disséminés en Allemagne et que certains de ses membres de haut grade ont poursuivi l'action clandestine. Mais les éléments de preuve font défaut. On sait cependant que Johann Joachim Christoph Bode, le proche collaborateur de Weishaupt, a participé en 1787 à un convent des philaèthes, ordre créé par Savalette de Langes en 1773, au cours duquel il a pris la parole. Thème du convent : « La nature des intermédiaires entre dieu et les hommes. » À la suite de ce convent, qui fut d'ailleurs un échec faute de participants en nombre suffisant, un avatar des illuminati se serait formé, les philadelphes, secte qui connaîtra une certaine prospérité dans les rangs des armées du Directoire, du Consulat et de l'Empire.

En outre, les disciples de Weishaupt perpétueraient leur influence dans une dimension ésotérique. Pour certains exégètes, continuateurs de Guénon par exemple, ces illuminati ne seraient pas seulement humains. Ils seraient des êtres sataniques, des « reptiliens » ou anges déchus, dotés de pouvoirs surnaturels, visant à conquérir – ou reconquérir – le monde et à asservir l'humanité en esclavage en vue du règne de l'Antéchrist. Dessein dont la ligne directrice, cependant, au vu du monde tel qu'il est et tel qu'il va, n'est pas des plus perceptibles. Encore une fois, il nous manque de pouvoir créditer ces puissances d'une manifestation exotérique tangible – et puissamment porteuse d'ésotérisme vrai - qui pourrait passer, métaphoriquement, pour leur grande pyramide.

Cependant, pour nous en tenir au registre de la connaissance exotérique et de l'analyse historique, on peut dire que, avec Weishaupt et les illuminés de Bavière, le concept même de société secrète change de nature. Il entre dans une ère de modernité où le politique supplante le religieux, le relègue dans le fatras des vieilles lunes de la superstition. Il rompt avec la tradition selon laquelle le but suprême serait spirituel, métaphysique, allégorique, ésotérique ou magique. La société secrète nouvelle veut être une phalange sécularisée visant, non pas à atteindre une vérité évanescente, mais à intervenir dans les affaires du monde, *hic et nunc*. Cela en formant et en éduquant l'homme pour qu'il devienne un être capable et digne de liberté. Liberté individuelle et collective. Le but affiché, dévoilé aux adeptes à l'issue d'un conditionnement particulier, est révolutionnaire. En réalité, l'ordre des illuminati de Bavière – que ce soit en Allemagne ou partout ailleurs en Europe – pousse à son terme une logique que l'on pouvait décrypter en filigrane dans des fraternités et des cultes parfois très anciens, le pythagorisme notamment. Ses membres ne se résignent pas à attendre l'apocalypse d'où émergera le monde nouveau, le millénaire fabuleux. Ils veulent cette apocalypse au présent, là où ils vivent, en ce bas monde. Ils veulent en être les acteurs. Voilà qui est en absolue rupture avec les approches de la majorité des autres sociétés secrètes. C'est en cela aussi qu'ils s'inscrivent dans une modernité, une modernité d'impatience pourrait-on dire. « N'attendons rien de la divinité dans un futur improbable, soyons nous-mêmes la divinité dès à présent », tel semble être leur Credo.

Par ailleurs, s'ils paraissent reprendre et prolonger les convulsions sociales et politiques du sud de l'Allemagne que l'on a appelé, au XVIe siècle, « le soulèvement de l'homme ordinaire » ou « la guerre des gueux » dont nous avons parlé, s'ils semblent adopter les véhémentes imprécations cathares, c'est par ce qu'ils rejoignent ces mouvements dans leur condamnation du détournement du trône et de l'autel à des fins d'assujettissement et d'asservissement de l'homme.

La Bavière fait alors figure d'enclave catholique dans une Allemagne luthérienne. La main mise des jésuites sur les structures d'enseignement, quand ce n'est pas sur l'intégralité de la vie sociale, est sans faiblesse. La Compagnie de Jésus est omniprésente. Elle étend son contrôle des princes, dont elle dirige la conscience, aux villageois, dont elle règle les mœurs avec une vigilance sans faille. Cette emprise sans doute étouffante n'est pas étrangère au succès que rencontrent les thèses d'émancipation de Weishaupt et des illuminati. Au bout de leur logique il y a aussi – et en cela ils sont une fois encore en rupture historique avec tout ce qui précède – l'irréligion. Nous oserons dire ici l'athéisme.

Weishaupt et les illuminiati de Bavière ne recherchent pas l'illumination divine, les états fabuleux de mise en relation avec les puissances spirituelles. Ils entendent incarner l'illumination libératrice de l'homme. Le principe actif de leur pensée et de leur action sous-entend la révolte. On retrouvera des proches des illuminati dans toutes les conspirations de l'époque, les carbonari, notamment, pour ne citer qu'eux. Et si l'on veut croire aujourd'hui que l'ordre n'existe plus, il serait bien hasardeux d'en conclure que l'illuminisne bavarois, plus ou moins détourné de ses principes, n'inspire plus aucun groupuscule d'activistes ici ou là. Les protestations enflammées des anarchistes du XIXe siècle, Ravachol, Vaillant, Caserio, s'inscrivent dans le droit fil des professions de foi des loges de Bavière. Le spartakisme allemand, le nihilisme russe, la Terreur de 1793 en France sont la traduction dans les faits de la radicalité subversive que l'on a pu imputer à Weishaupt et à ses adeptes.

Leurs détracteurs vont s'engouffrer dans l'accusation de conspiration active, sanguinaire, de pratiques inspirées, cela va de soi, par les forces du mal. Trahison de la patrie, athéisme, appel au régicide, mais aussi sodomie, empoisonnements sont quelques-unes des accusations publiées dans les gazettes. Si Voltaire avait lui aussi créé son conventicule – lui à qui on a tant fait de procès en sorcellerie sans qu'il s'en soit donné la peine –, ne l'aurait-on pas conduit lui aussi allègrement au bûcher ?

La raison qui a présidé au choix stratégique de créer un nouvel ordre à côté de ceux existants est donnée par Weishaupt lui-même. Et sa justification historique nous est apportée par Thomas Jefferson. Weishaupt dit avoir créé sa société secrète pour détourner ses étudiants d'Ingolstadt de « l'épidémie corruptrice de l'alchimie[1] » colportée – avec succès – par les Rose-Croix. Quant à Jefferson, le législateur de la Déclaration d'indépendance américaine et de la Déclaration des droits de l'homme et du citoyen, ces deux piliers de l'organisation politique et sociale américaine, il voit dans ce choix comme une malédiction historique : Weishaupt n'aurait pas eu à recourir à ce subterfuge s'il avait été le citoyen d'un pays libre, comme les États-Unis[2]. Et à l'inverse, les auteurs américains raisonnablement audacieux du temps, s'ils avaient vécu en Allemagne n'auraient eu d'autre choix que de jouer la carte société secrète.

---

1. WEISHAUPT (Adam), *Introduction à mon apologie*, Grammata, 2012. Édition établie et traduite de l'allemand par Lionel Duvoy.

2. Lettre de Thomas Jefferson à l'évêque James Madison publiée par Lionel Duvoy en annexe de l'*Introduction à mon apologie*.

12

Illuminati, franc-maçonnerie et Révolution française

Ce courant des illuminés de Bavière n'est classable dans l'illuminisme qu'en raison d'un malentendu à la source, d'une commodité de langage et d'une rouerie, ou plutôt d'une prudence de son créateur soucieux d'avancer masqué. Cet ordre est tout autre, porteur de sa propre cohérence. Le secret de ses travaux, redisons-le, n'est en aucune façon secret de l'initiation ou d'une quelconque quête ésotérique, il est tout prosaïquement le secret dont doit s'entourer l'élite pythagoricienne qui, en dépit des dieux et contre les prêtres, leurs cultes dévoyés et leurs rites hasardeux, s'apprête à combattre la déliquescence morale des sybarites. Il est le secret obligé des contempteurs de l'ordre établi quand cet ordre n'est qu'un désordre conformiste. Ce secret s'appelle « la clandestinité ». Il s'inscrit dans un registre très différent de celui que nous avons vu jusqu'alors. Les illuminati de Bavière ne sont pas une fraternité ou un ordre embarqué dans l'exagération d'un discours subversif. Encore une fois, ils font de la subversion des esprits la raison même de leur existence. Ils sont, en cela, sans doute le premier ordre exclusivement matérialiste et politique, s'exonérant de toute concession spirituelle. Sauf à considérer que la subversion portée à son paroxysme puisse atteindre une dimension spirituelle, ce qui ne peut être exclu.

Cependant, à partir de cette réalité objective, une mythologie va prospérer autour de la vraie place, des pouvoirs réels, mystérieux, des influences souterraines de ces illuminati tant hier qu'aujourd'hui. Nous disons « mythologie » non pour nier *a priori* la validité de ces thèses, mais parce qu'elles reposent davantage sur la conviction de leurs auteurs que sur un appareil de preuves indiscutables.

Parce que l'ordre des illuminati de Bavière – du moins dans l'esprit de son créateur – avait une vocation politique et parce que celle-ci se cultivait et s'enseignait selon les pratiques en usage dans les sociétés secrètes, il allait être à la fois tentant et facile d'y voir le ferment, l'agent de toutes les conspirations.

Une coïncidence de l'histoire fait qu'il disparaît « officiellement » au moment où se déclare en France la Révolution. Tentant, là aussi, de refuser la coïncidence et de ne voir dans cette disparition qu'un leurre. L'ordre, en fait, serait plus vigoureux et plus actif qu'il ne l'a jamais été, agissant désormais dans la clandestinité la plus totale. Il serait ainsi le fer de lance de cette révolution. Ses grands initiés, son général en tête et quelques autres, ayant achevé leur prise de contrôle des loges maçonniques, tireraient les ficelles du drame. Ils seraient derrière chaque acte révolutionnaire, chaque décision, chaque loi, chaque « crime », des massacres de Septembre à la mort sur l'échafaud de Louis XVI et Marie-Antoinette.

Cette thèse est celle que l'abbé Barruel, jésuite et franc-maçon, développe en abondance à partir de 1797 et qui servira de référence à ce que l'on a pu appeler « la science antimaçonnique ». Car si les illimunati sont le point de mire, c'est la franc-maçonnerie dans son ensemble que Barruel et ses continuateurs dénoncent. Là encore, l'amalgame est alléchant : puisque l'ordre des illuminati a poursuivi des objectifs politiques et puisque ses membres les plus éminents sont eux-mêmes francs-maçons, il n'y a qu'un pas à franchir pour généraliser l'accusation de complot à l'ensemble de la franc-maçonnerie. Le martinisme sera également désigné comme cause de la Révolution, notamment par l'historien – franc-maçon – Louis Blanc qui voit dans les théories de Martinès de Pasqually, Papus et Willermoz « une doctrine au fond de laquelle la Révolution grondait sourdement ».

Le but d'Augustin Barruel et de ses très nombreux successeurs est évident : exonérer la monarchie de toute responsabilité ou culpabilité dans sa chute puisque ce seraient les forces du mal, incarnées par les loges, qui auraient causé cette chute. Ainsi, se trouve régénéré le thème de l'Antéchrist fauteur de chaos. Alors que pour Nietzsche, « la Révolution s'inscrit au contraire dans la tradition chrétienne, et ses principes de liberté, d'égalité et de fraternité ne sont qu'une version sécularisée des doctrines du christianisme[1] ».

En fait, l'essentiel de la thèse de l'abbé, et d'autres auteurs du temps comme l'écossais Robison, est tout entière dans ce mot : complot. Même là où il y aurait simplement communauté de pensée ou influence, Barruel s'ingénie à décrypter une conspiration préparée de longue main dans le secret des loges maçonniques. Il mêle bien évidemment Voltaire, les Lumières, les Encyclopédistes à ce complot, ainsi que Frédéric II de Prusse qu'il compare à Julien dit l'Apostat.

En réalité, affirmer que la franc-maçonnerie était à la base de la Révolution revenait à lui donner une importance historique qu'elle n'avait pas, du moins pas encore. Barruel, lui, voit une homogénéité, une cohérence idéologique, une vision stratégique, une assise disciplinaire qu'elle est loin de posséder, et qu'elle ne recherche probablement pas.

Lui-même sait à quoi s'en tenir sur le niveau d'exigence des initiations de l'époque. Il se plaît en effet à raconter comment, alors qu'il n'aurait même pas été candidat, il

1. HERNANDEZ ARIAS (J. R.), *Nietzsche*, RBA, 2015.

s'est retrouvé initié et élevé dans la même soirée, au cours d'une seule et même cérémonie, aux trois grades bleus de la franc-maçonnerie : apprenti, compagnon, et maître. Cela en quelques heures d'horloge. C'est peu s'il s'agit d'intégrer de sublimes secrets et de se former à l'art de la subversion. De même, voir en Willermoz – pour ne prendre que cet exemple – le « haut sorcier lyonnais », l'homme aux treize années de prosternation dans un cercle de craie au milieu d'une chambre, un des possibles génies concepteurs de 1789 et du jacobinisme laisse perplexe.

Les loges anglaises, d'où tout est parti dans les premières années du XVIIIe siècle (nous y reviendrons), n'ont jamais contesté la monarchie et si, en leur sein, comme ce sera, avec quelque nuance, aussi le cas dans les loges françaises de cette période, le concept d'égalité y préside, celui-ci est bien différent du concept d'égalité jacobin et révolutionnaire. Barruel et ses continuateurs commettent là, nous semble-t-il, une erreur d'analyse, une erreur historique. L'égalité dans les loges anglaises, et par exportation et mimétisme dans les loges françaises du XVIIIe siècle, est une égalité horizontale. Des hommes du même monde, de milieux sociaux compatibles, se retrouvent à égalité de liberté de propos, de ton et de partage des idées au sein d'une communauté qui est la loge. On y est entre nobles, on y tolère quelques grands bourgeois. Que l'on ne s'y trompe pas : la franc-maçonnerie du XVIIIe siècle est des mieux fréquentées. Et très cloisonnée. L'égalité qui s'y manifeste et s'y pratique est une égalité élitiste. C'est l'égalité de l'entre soi. Par exemple, certains rites vont prévoir que tous devront porter l'épée, alors qu'au dehors seuls les nobles y sont autorisés. Ainsi, au sein de la loge, tous, ayant l'épée au côté, seront égaux, mais égaux par le haut. D'autres loges peuvent d'ailleurs inverser la disposition et bannir l'épée pour tous les membres. L'égalité est alors moins aristocratique, en apparence seulement puisqu'elle n'abolit pas l'élitisme du recrutement. Cette égalité horizontale se retrouve d'ailleurs dans les loges constituées au sein des armées : il y a les loges pour officiers supérieurs et les loges pour grades inférieurs.

L'égalité jacobine est tout autre. C'est l'égalité verticale. L'égalité qui doit englober l'ensemble des populations, du sommet de l'échelle des classes sociales au plus bas échelon. C'est le nivellement dans la citoyenneté. C'est l'égalité sociale et politique. C'est l'affirmation révolutionnaire par excellence, celle qui nourrit et inspire la maxime suprême, la revendication extrême : « l'Égalité ou la mort. »

Si cette conception tellement différente peut effectivement apparaître comme le prolongement presque immédiat et naturel des thèses de Weishaupt et de ses illuminati de Bavière, on ne trouve aucune trace ou indication qu'elle ait pu être intégrée au sein des loges traditionnelles.

En revanche, il est évident que la maçonnerie et le courant politique de 1789 ont des affinités davantage affirmées autour de l'autre concept fondateur de 1789 : la liberté. Mais encore s'agit-il ici de la liberté dans sa conception « bourgeoise ». En ses commencements au moins, 1789 est en effet une insurrection bourgeoise, et parce que la franc-maçonnerie est elle-même d'inspiration libérale, nourrie des Lumières, voltairienne, elles se rejoignent. Mais l'une n'a pas décidé pour l'autre. L'une n'a pas dessiné le canevas de l'histoire que l'autre aurait cousu. C'est l'histoire qui les a assimilées l'une à l'autre dans ce mouvement et dans ce moment de ce que ni l'une ni l'autre ne nomment encore la lutte des classes.

Pour l'idéal bourgeois, aspirant à la liberté économique et au déverrouillage des carrières et des places, comme pour le maçon de l'époque, la Révolution est terminée au soir du 4 Août, avec l'abolition des privilèges. La monarchie peut rester en place pour peu qu'elle se fasse constitutionnelle ; personne ne songe à couper des têtes, et il ne reste plus qu'à doter le pays d'une charte intelligente, mesurée et prude telle celle que des maçons, dont certains de France, ont offert une décennie plus tôt à la jeune république des États-Unis.

Enfin, si la franc-maçonnerie a joué un rôle dans le déclenchement de la Révolution française, ce rôle ne dépasse guère le cautionnement de revendications libérales, même si, par la suite, certains maçons ont pu considérer qu'il serait plus glorieux pour leur ordre de revendiquer la paternité de ce grand bouleversement de notre histoire.

En vérité, tant dans les débuts de la Révolution que sous la Terreur, il se trouve des francs-maçons dans les deux camps, guillotineurs et guillotinés. Néanmoins, en raison des sphères sociales de son recrutement et de ses principes humanistes, il est permis de penser que l'attitude maçonnique majoritaire aura été celle d'un Condorcet[1], par exemple, qui, en 1793, ne vote pas la mort du roi, se prononçant pour une peine sévère, précisément « à l'exclusion de la mort », l'exil sans doute. Il sera d'ailleurs arrêté quelque temps après. Emprisonné, on le découvre mort dans sa cellule deux jours plus tard. Il se pourrait qu'il se soit suicidé par le poison.

Quant aux loges, elles ont pratiquement disparu pendant la période révolutionnaire. On estime qu'elles étaient environ un millier en 1789, elles seront moins d'une centaine dix ans plus tard.

Toutefois, il y a des individualités qui, d'emblée, s'inscrivent dans une action plus radicale. Dès le mois de juin 1789, un maçon de la loge des Amis Réunis, à Paris, Adrien Duport, ne craint pas de déclarer : « C'est par les moyens de la terreur qu'on parvient à se mettre à la tête d'une révolution. [...] Il faut donc, quelque répugnance que nous ayons tous, se résigner au sacrifice de quelques

1. Les preuves formelles manquent, mais il semble qu'il ait été initié en 1775 au sein de la loge des Neuf Sœurs par la veuve du philosophe Helvétius, fondateur de cette loge, mort en 1771.

personnes marquantes. » Il cible alors le sieur Foullon, contrôleur général des Finances. Mais seulement quelque trois semaines plus tard, un autre franc-maçon, et non des moindres, le duc de Montmorency-Luxembourg, chef effectif de la franc-maçonnerie française, administrateur général du Grand Orient, adoptera une position bien différente. Dès le lendemain de la prise de la Bastille, le 15 Juillet, le duc fait le choix de quitter la France. Il est à noter qu'il présidait la noblesse lors des états généraux. En résumé, c'est un franc-maçon, le plus haut gradé de France après le duc de Chartres, futur duc d'Orléans, fantomatique et si peu fiable grand maître du Grand Orient, qui mena la bataille du conservatisme - tempéré, certes, mais conservatisme tout de même - lors de ces états. Il ne semble pas que la chute de la monarchie et la ruine de l'Église aient jamais été à son programme. Et moins encore, les bains de sang de la Terreur.

Dans l'Assemblée constituante qui sortit des états généraux, près de trente pour cent des représentants de la noblesse étaient francs-maçons. Ils étaient six pour cent parmi le clergé et dix-huit pour cent au sein du tiers état. Dans son *Histoire de France*, l'historien Ernest Lavisse, le père fondateur de nos manuels scolaires, considère lui aussi que la franc-maçonnerie de l'époque ne s'opposait en aucune façon aux institutions de la monarchie.

Au demeurant, Augustin Barruel établit certaines distinctions dans la culpabilité. Il est des maçons qui trouvent grâce à ses yeux, ceux qui ne sont pas entachés de martinisme, d'illuminisme, d'hermétisme, de manichéisme, de sophisme, de kabbale, d'occultisme ou de deux ou trois autres influences spirites... Parfois, cependant, la mesure lui fait défaut. Ainsi, quand il commente un certain rituel de haut grade mettant en scène la vengeance de l'assassinat d'Hiram Abiff, l'architecte du temple de Salomon par trois compagnons traîtres, interprète-t-il le geste de trancher la gorge de l'assassin et la présence d'un crâne et d'un couteau comme une répétition, une préparation psychologique à la décapitation du roi ! Toujours selon Barruel, dans le secret des temples, et cela des décennies avant le 21 janvier 1793, la mort du roi par décollation aurait été en gestation.

C'est à partir de ces approches et parfois de ces légendes explicatives de la Révolution par le complot que s'ouvre l'ère si prospère du conspirationniste. Certes, il y avait déjà eu dans le passé des théories du complot échafaudées autour de tel ou tel événement, mettant en cause telle ou telle communauté, les jésuites par exemple qui, au début du XVIIe siècle, ont été accusés de vouloir imposer leur pouvoir au monde entier. Le thème du nouvel ordre mondial, déjà. Mais avec l'ouvrage de l'abbé Barruel et les très nombreux autres qui suivront, nous entrons dans une exploitation systématique du thème. Le concept général est tout simple – une simplicité d'ailleurs qui en fait le succès : le complot est le mode opératif des bouleversements grands ou petits des sociétés humaines. Ce sont les sociétés secrètes qui mènent le bal. Le reste n'est qu'illusion.

L'aboutissement logique de cette conception et de celles se référant à un projet de nouvel ordre mondial est que ces sociétés ne sont que les éléments parcellaires d'une société secrète supérieure, une et indivisible en quelque sorte, sommet d'une organisation pyramidale occulte et planétaire. Derrière chaque loge se trouverait une arrière loge, derrière chaque ordre un arrière ordre, derrière chaque mystère un mystère plus grand, derrière chaque secret un secret plus dense, derrière chaque pouvoir occulte un autre pouvoir toujours plus hyperbolique. Cela jusqu'à l'alpha et l'oméga, la source suprême, l'achèvement suprême, l'entité quasi divinisée.

Il est intéressant en effet de constater la symétrie de cette conception avec celle des cultes de l'Antiquité dont la révélation des révélations était que, derrière la pluralité des divinités, il convenait de voir la suprématie absolue de l'Un

Unique. Bref, le monothéisme était la clef de la science secrète, tout comme, dans cette théorie de la superposition des sociétés occultes, l'éclatement des ordres, des loges, des doctrines ne serait que l'expression trompeuse d'une entité globale, porteuse d'un dessein lui aussi global.

Pour Barruel, l'identité de ceux qui constituent cette entité globale et qui ont la mainmise sur toute la chaîne des ordres et sociétés secrètes ne fait aucun doute. Il s'agit des juifs. Le « secret » lui en aurait été révélé dans une lettre qu'un certain Jean-Baptiste Simonini lui aurait envoyée en août 1806, lettre que l'abbé adresse à son tour au Vatican ainsi qu'au futur Louis XVIII. Or, il semble que cette lettre soit un faux, une manipulation grossière. Selon Pierre-André Taguieff, Augustin Barruel en serait lui-même l'auteur et se la serait adressée.

En cela aussi, le jésuite franc-maçon fera école. Il nous fournit ici l'invariant de base de la plupart des montages conspirationnistes des XIXe et XXe siècles, mêlant francs-maçons et juifs dans un même complot planétaire. Nous en avons une illustration remarquable avec la fameuse affaire des *Protocoles des Sages de Sion*.

À Paris, en 1901, un exilé russe du nom de Mathieu Golovinski, agent de l'Okhrana, la police secrète du tsar, l'ancêtre du KGB, travaille pour *Le Figaro* où il a fait la connaissance de Charles Joly, fils de Maurice Joly. Pour Golovinski, cette rencontre est une aubaine. Le père de Charles, Maurice, est en effet l'auteur d'un pamphlet paru à Bruxelles sous le second Empire, en 1868, intitulé *Dialogues aux enfers entre Machiavel et Montesquieu*. L'ouvrage prétend dénoncer un projet de conquête mondiale par Napoléon III. Pour ce fait, l'empereur se disposerait à mettre en œuvre jusqu'à l'extrême la fameuse sentence de Machiavel : « La fin justifie les moyens. »

Or, à cette période, la politique de discrimination de l'empereur de Russie Nicolas II, notamment à l'encontre des juifs, suscite des réserves. Alors Golovinski a une idée toute simple : pour appuyer la politique du tsar, il va utiliser le texte de Maurice Joly en l'adaptant quelque peu et en remplaçant le personnage de Napoléon III par les juifs. Le projet de mainmise sur le monde entier deviendrait dès lors le complot des juifs, auxquels, bien sûr, on s'empresse d'associer les francs-maçons.

Le texte qu'il produit est si semblable, parfois mot à mot, phrase à phrase, à celui de Joly, que le plagiat est indiscutable. Un faux dans toute sa splendeur[1]. Néanmoins, ce faux fera son chemin et il nourrit encore aujourd'hui les argumentaires souterrains de conspirationnistes qui voient dans la mondialisation de l'économie, par exemple, la preuve qu'il est en voie de réussite. Parmi eux, il y a ceux pour qui ces *Protocoles* sont authentiques, quoi qu'on en dise et malgré les preuves du contraire apportées à maintes reprises, principalement lors du procès de Berne (1933-1935). Et il y a ceux qui, plus subtils, reconnaissent que le document est un faux, mais un faux volontaire, lancé par les auteurs du complot juif eux-mêmes. Leur raisonnement est imparable : puisqu'il s'agirait d'un faux, les populations n'auraient aucune raison de s'alarmer, leur vigilance serait mise en veilleuse, et le vrai complot de domination mondiale pourrait prospérer sans rencontrer aucun obstacle.

Une fois que Golovinski a écrit son texte, un scénario est monté. On prétendra que le document est le compte rendu de réunions secrètes sionistes tenues en Suisse, à Bâle, en 1867. Une espionne des plus séduisantes, comme il se doit, s'en serait procuré un exemplaire auprès d'un haut gradé du Grand Orient. Il existe des variantes, tout aussi

1. Sur ce point, la monumentale étude de TAGUIEFF (Pierre-André), *Les Protocoles des Sages de Sion*, 2 vol., Berg international, 1992. Et, du même auteur, *L'Imaginaire du complot mondial. Aspects d'un mythe moderne*, Mille et une Nuits, 2006. Voir aussi le roman d'Umberto Eco sur le sujet, *Le Cimetière de Prague*, Le Livre de Poche, 2012.

romanesques, comme un cambriolage en Suisse chez un exilé russe, un dénommé Élie de Cyon (*sic*).

Des passages du prétendu compte rendu paraissent en Russie une première fois dans le journal *Znamia* avec pour titre : « Extraits des Protocoles anciens et modernes des Sages de Sion de la société mondiale des francs-maçons ». Dès cette première publication, la collusion entre juifs et francs-maçons est publiquement affirmée. En cela, le document prolonge la thèse déjà ancienne développée par un auteur français, catholique traditionaliste, contre-révolutionnaire, Henri-Roger Gougenot des Mousseaux, dans un livre à succès *Le Juif, le judaïsme, la judaïsation des peuples chrétiens*, paru en 1869[1].

Le texte des *Protocoles* sera de nouveau publié, en intégralité cette fois, en 1905. Cependant, Nicolas II se refuse à l'exploiter. Il le considère trop explosif. Dans le contexte révolutionnaire que connaît alors la Russie, il ne souhaite pas multiplier les barils de poudre.

C'est justement ce côté explosif qui fera le succès et la postérité des *Protocoles* auprès des mouvements fascistes et des nazis. Hitler y fait référence dans *Mein Kampf*. En janvier 1920, les *Protocoles* paraissent en Allemagne, et quelques jours plus tard en Angleterre. Alfred Rosenberg, le théoricien du nazisme, admirateur et traducteur zélé de Gougenot des Mousseaux, inspirateur choyé d'Hitler, publie dans la foulée deux essais de la même eau : *La trace du juif au cours du temps* et *Immoralité du Talmud*.

La communauté juive ne manque pas de dénoncer ces écrits, d'affirmer que le texte des *Protocoles* est un faux des plus grossiers. Cela, bien sûr, est sans effet. Au contraire ! L'argument est aussitôt retourné. Ainsi Hitler écrit-il dans *Mein Kampf* : « Ce sont des faux, répète en gémissant la *Gazette de Francfort* et elle cherche à en persuader l'univers ; c'est là la meilleure preuve qu'ils sont authentiques. »

1. TAGUIEFF (Pierre-André), *L'Imaginaire…*, *op. cit.*

Notons que nous avons ici une des constantes du bréviaire conspirationniste : toute réfutation du complot est considérée par les tenants de la conspiration comme la démonstration irréfutable que la machination est bel et bien réelle. Nous avons de ce type de sophisme un exemple cocasse avec la légende de la découverte de l'Amérique par les Portugais bien avant Christophe Colomb, dans le plus grand secret, bien entendu. Pour les tenants de cette version, c'est précisément parce qu'il n'existe aucun document, aucune trace de cette découverte, le secret ayant été, selon eux, parfaitement gardé, que l'on peut affirmer que celle-ci a bien eu lieu.

Les publications des *Protocoles* se succèdent dans l'entre-deux-guerres : Allemagne, Angleterre, France. Le *Times* de Londres, après avoir créé une certaine ambiguïté, considérant que les assertions des *Protocoles* pouvaient mériter une enquête approfondie, revient sur sa première opinion et annonce en titre, en 1921, « La fin des Protocoles ».

En France, un prêtre catholique, Ernest Jouin, puis un écrivain se voulant monarchiste, Roger Lambelin, et un auteur antisémite, Urbain Gohier, exploitent et publient à leur tour les *Protocoles*.

L'essentiel du document se reporte à la liste des domaines dont les conspirateurs entendent prendre le contrôle : l'argent, d'abord, par le biais des banques privées asservissant les États obligés d'emprunter auprès d'elles du fait de krachs et de crises financières savamment orchestrées ; la presse, en particulier par les agences de presse dont le nombre réduit permet un contrôle facile ; le pouvoir auprès du public, en se faisant l'ami de tous ; la foi, en instillant dans les esprits la pensée matérialiste ; la nourriture, en ruinant l'exploitation agricole traditionnelle rurale et en confisquant cette production ; la guerre, en créant les conditions de conflit partout dans le monde, en excitant les minorités ; l'aspiration au luxe qui doit être développée parce qu'elle rend esclave les populations ; la politique, en mettant en place des pouvoirs fantoches, dirigés par des marionnettes et en créant des querelles intestines ; l'éducation, en réduisant à néant le pacte de la famille et en développant ce qui fait perdre aux individus l'habitude de penser ; le contrôle des loges, placées sous le contrôle d'une administration centrale, puissance invisible ; la répartition de la population mondiale, en concentrant à l'Est une société d'esclaves (croyants) et à l'Ouest une société de seigneurs (athées) ; la mort enfin dont il est dit : « Puisqu'elle est la fin inévitable pour tous, il est préférable d'y conduire ceux qui nous feront obstacle. »

Nul besoin d'être grand clerc pour constater combien l'argumentation de cette falsification peut être toxique et combien elle est à même de nourrir les fantasmes des conspirationnistes. Ceux-ci ont beau jeu de dénicher dans la réalité du monde tel qu'il est de prétendues preuves accablantes. Il suffit qu'une crise économique surgisse, qu'une loi libéralisant les mœurs soit votée, qu'un désastre alimentaire se produise ou qu'un conflit éclate entre deux pays ou deux communautés pour qu'ils se persuadent que le nouvel ordre mondial voulu par les juifs et les francs-maçons est en marche. Par ailleurs, comme il arrive que de véritables complots interviennent dans la marche du monde, ils trouvent là, commodément, la confirmation de leur schéma explicatif.

En résumé, nous pourrions dire que c'est – indirectement et involontairement, certes – à Weishaupt et aux illuminati que l'on doit la culture moderne du conspirationnisme. S'il est patent que le concept même de société secrète porte en lui un fort potentiel de fantasme, cela n'est jamais aussi vrai qu'avec les illuminés de Bavière. Parce que l'ordre a eu une vie « officielle » brève, on peut à loisir prolonger, agrémenter cette courte histoire en la plongeant dans les ténèbres foisonnantes de l'imaginaire. Plus une société secrète est nimbée de flou, qu'elle ait été éphémère ou que sa structure ait été fluctuante, ainsi la Rose-Croix, plus elle offre de prise à la récupération. Et plus il est aisé de la créditer de puissance occulte, de l'enjoliver d'implications infondées, voire délirantes[1].

On ne confondra pas les *Protocoles des sages de Sion* avec l'association dénommée le Prieuré de Sion. Encore que ce soit probablement la dénomination des premiers qui, du fait de leur retentissement médiatique, ait inspiré les initiateurs de la seconde lorsqu'il s'est agi de lui donner un nom.

Celle-ci apparaît historiquement en 1956 sous la forme juridique d'une association loi 1901, dûment enregistrée en préfecture. Mais, en vertu de l'usage constant que nous avons mentionné à plusieurs reprises, son origine serait bien antérieure puisque ce Prieuré de Sion aurait été créé en 1099, par Godefroi de Bouillon lui-même, dans les moments de la première croisade. De là à établir un lien plus ou moins direct avec l'incontournable ordre du Temple, il n'y a qu'un pas qui est allègrement franchi par les concepteurs. Il s'agirait de préserver un terrible secret dont la révélation ruinerait à jamais l'Église catholique, et, pour tout dire, saperait les fondements mêmes l'Occident chrétien. Selon ce secret, le Christ ne serait pas mort sur la Croix, ou ne serait pas monté au ciel rejoindre le Père après la résurrection, mais se serait enfui avec Marie-Madeleine, la pécheresse des Évangiles. Le couple aurait alors trouvé refuge en France, à Rennes-le-Château où, clandestinement cela va de soi, il aurait donné jour à la dynastie des Mérovingiens. Dynastie dont le dernier représentant ne serait autre, en ces années 1950, qu'un certain Pierre Plantard, le personnage qui a déposé les statuts de l'association ci-dessus

1. Selon une affirmation conspirationniste, l'année 1776 qui figure sur certains billets de banque américains ne fait pas référence à la Déclaration d'indépendance mais à la fondation de l'ordre des illuminati de Bavière par Weishaupt. Ils en déduisent évidemment que les illuminati sont bien les vrais maîtres des États-Unis.

mentionnée et qui se verrait assez bien prendre place sur le trône de France, cela bien sûr en sa qualité de descendant direct de Clovis.

Ce que l'on sait avec un peu plus de certitude est que ce Pierre Plantard, né en 1920, a derrière lui un passé assez mouvementé, parsemé de quelques aventures plus ou moins chimériques et douteuses. Sous l'Occupation, il aurait signé du joli pseudonyme – royal déjà – Pierre de France des écrits placés sous la devise « Vaincre pour une jeune chevalerie », textes assez ambigus pour pouvoir paraître pro-collaborationnistes pendant la guerre, et plus ou moins résistants à la Libération. Quelques années plus tard, en 1951, Plantard aurait été reçu franc-maçon au Grand Orient de France, obédience dont il aurait été exclu dès 1954 à la suite d'une condamnation à une peine de prison pour abus de confiance.

Deux ans plus tard, il crée l'association du Prieuré de Sion. Il s'entoure de quelques esprits féconds en matière d'artefacts à vocation symboliste, d'une ou deux plumes nourries d'ésotérisme clinquant, et l'affaire prend son essor. Des documents censés accréditer la longue et prestigieuse antériorité historique du Prieuré font opportunément leur apparition. À partir de 1964 et pendant environ deux ans, ces documents – estampillés « Dossiers secrets », cela s'entend – sont déposés à la Bibliothèque nationale. Parmi ceux-ci figure la liste de tous les maîtres, les nautoniers depuis l'origine jusqu'à la période du dépôt à la BN. Le dernier maître suprême du Prieuré aurait été Jean Cocteau, cela depuis 1918 où il aurait succédé au compositeur Claude Debussy. Il aurait été intéressant de demander à l'intéressé un éventuel commentaire, mais le hasard faisant bien les choses, il est mort depuis environ une année lorsque cette fameuse liste fait son apparition à la BN. Avant lui, Victor Hugo, ou encore Léonard de Vinci, mais aussi Isaac Newton, Botticelli, sans oublier l'alchimiste Nicolas Flamel auraient eu le privilège d'occuper ce haut magistère. Nicolas Flamel à qui aurait succédé René d'Anjou, cela en 1418. René d'Anjou est alors âgé de neuf ans, mais considérant sans doute que la valeur n'attend pas le nombre des années, du côté de Plantard et compagnie, on ne s'arrête pas à de telles broutilles.

Pierre Plantard – « dit Plantard de Saint-Clair, qu'on peut considérer comme un mythomane et un escroc littéraire [1] » – finira par admettre que tout cela n'est qu'une duperie, un montage, une manipulation. Notons que cet amalgame malin autant que fantaisiste sera repris par Dan Brown dans son *Da Vinci Code*.

Cependant, nous retrouvons avec Plantard ce que nous avons vu avec Adam Weishaupt et la création des illuminati : l'aveu d'une imposture. Mais, comme pour les illuminati, les tenants de la véracité historique de l'existence du Prieuré ne veulent voir dans cet aveu que le souci du grand maître de sauver l'organisation et de préserver son secret. En prétendant que tout cela n'est que du vent, on mettrait fin de la manière la plus efficace et la plus définitive aux incursions fâcheuses, aux investigations sacrilèges, aux accusations de complots. Pour ceux-là, la meilleure preuve qu'ils sont dans le vrai est cet aveu même d'une prétendue invention, le vaste monde et le commun des mortels n'étant pas prêt à entendre, et encore moins à accepter, la vérité cachée que détiennent les seuls initiés. Schéma des plus classiques en la matière. Ainsi, l'aveu de mensonge et de fausseté est pour les convaincus le masque nécessaire de la vérité, et par le fait même, la preuve magistrale du bien-fondé de leurs certitudes.

Pierre Plantard meurt en février 2000. Sans être parvenu à monter sur le trône de France, faut-il préciser. Mais le flambeau du Prieuré de Sion est bientôt repris et ranimé. L'association a toujours ses adeptes. Des noms de maîtres

1. TAGUIEFF (Pierre-André), *L'Imaginaire…*, *op. cit.*

suprêmes ont de nouveau circulé : François de Grossouvre, proche de François Mitterrand, ou encore Roger-Patrice Pelat, autre proche de l'ancien président de la République. Mais il en est de ces personnages considérables comme de Jean Cocteau. Étant morts lorsqu'on les fait apparaître dans l'organigramme, ils ne sont plus là pour contester ou se glorifier de tant d'honneur.

13

Franc-maçonnerie : origines, mythes, fantasmes et impostures

Si l'on s'en tient à l'histoire, tout commence en Angleterre dans le premier tiers du XVIIIe siècle. Mais si l'on se tourne vers la littérature hagiographique, la source serait à chercher bien avant cela, à l'aube même de nos civilisations. Comme toute société secrète, la franc-maçonnerie n'échappe pas, en effet, à l'obsession de l'antériorité la plus reculée, comme si de se référer à une source remontant à un âge d'or supposé devait fertiliser le projet et le cheminement d'une mystérieuse valeur ajoutée. Or, la question n'est-elle pas au fond de savoir si le projet en lui-même, en l'état, a besoin de cette onction du passé, de cet ancrage, légitime et patrimonial pour les uns, folklorique ou réactionnaire pour d'autres.

Comment résister en effet à la tentation de faire remonter l'origine de l'ordre maçonnique aux premiers hommes de l'art, aux habiles bâtisseurs qui ont su dresser le portique du premier temple, le sanctuaire du premier culte ?

Ainsi, depuis la plus lointaine Antiquité, en Égypte, en Mésopotamie, en Grèce, à Rome, à Babylone, dans l'Occident roman et gothique, des hommes qui connaissaient les bons gestes auraient partagé dans l'exiguïté de cabanes de chantier les secrets du mur qui triomphe du temps, de la colonne qui défie le ciel, de la voûte qui abolit la pesanteur. Mieux encore, ils auraient aussi entretenu

d'autres secrets, ceux de la rectitude morale, de la rigueur intellectuelle, de la qualité d'âme que leur art exigerait. En outre, depuis tout aussi longtemps, en une chaîne humaine ininterrompue,
ces mystères au secret si bien gardé auraient été les pierres symboliques, les pierres ésotériques d'un égrégore, d'une fraternité universelle, rayonnante bien qu'opaque... Il faut dire que la légende est belle, certes, et qu'elle prospère sur le paradoxe irréductible entre exigence de rigueur historique et culture du secret.

Deux grandes mythologies des origines hantent l'imaginaire maçonnique. La première repose sur une filiation en droite ligne des bâtisseurs immémoriaux ou médiévaux ; la seconde sur une survivance de l'ordre des Templiers à travers la franc-maçonnerie. Ces deux mythes valent que l'on s'y arrête, quand bien même relèveraient-ils de l'accommodement symbolique, pour le premier, et de l'imposture historique, pour le second.

Dans un ouvrage à succès paru en 1843, *Histoire pittoresque de la franc-maçonnerie et des sociétés secrètes anciennes et modernes*[1], l'auteur, un franc-maçon, F.-T. Bègue-Clavel, soutient la thèse de la continuité et d'un héritage direct entre les bâtisseurs des âges anciens et les loges apparues en Angleterre au XVIIIe siècle. Cette hypothèse est jugée aujourd'hui « parfois très fantaisiste », coupable de reprendre à plaisir « certaines fables qui connurent un grand destin jusqu'à nos jours[2] ».

Il est à noter que pour d'autres auteurs, la recherche même d'une origine historique serait illusoire. Un maçon, Marcel Lepage, écrit ainsi que « L'ordre n'a pas de naissance

1. Pagnerre, 1843.
2. DACHEZ (Roger), *Histoire de la franc-maçonnerie française*, Presses Universitaires de France – PUF, 2003.

humaine décelable, qu'il a existé de tout temps comme une expression de la pensée humaine. » Cette approche, qui a le mérite d'exonérer de tout délire à prétention historique, ne manque ni d'intérêt ni de pertinence...

Il s'agirait d'une « expression de la pensée humaine » qui, pensons-nous, aurait pour corollaire un comportement humain primitif, universel, intemporel, instinctif, érigeant le secret, quel qu'il soit, fictif ou réel, en élément de base de la constitution du groupe. C'est ce phénomène que l'on constate d'ailleurs dans les pactes non écrits de maintes communautés d'adolescents, ce qu'atteste une littérature romanesque pléthorique, et dont les cercles secrets d'étudiants des campus universitaires américains sont une illustration. Ainsi, l'agrégation d'une communauté humaine autour d'une notion fédératrice fondée sur le secret relèverait d'une donnée de la psychologie sociale, l'impératif ou l'héritage ésotériques en étant éventuellement une justification *a posteriori* mais non la cause.

Bègue-Clavel, prévoyant sans doute les critiques à venir sur son *Histoire pittoresque*, tient d'emblée à justifier sa démarche : « Nous avons abordé l'histoire de la franc-maçonnerie sans aucune préoccupation d'esprit de parti », écrit-il dans sa préface. « Nous avons appartenu à tous les rites ; nous avons rempli dans tous les régimes et dans plusieurs corps des dirigeants des fonctions plus ou moins importantes ; nous avons contracté sous tous les drapeaux des amitiés qui nous sont chères ; nous sommes donc placés dans les conditions de la plus complète impartialité. »

L'origine est à chercher selon cet auteur dans la construction de monuments de l'architecture sacrée conçus selon le tracé des prêtres et dont les maîtres d'œuvre, les exécutants, auraient bénéficié d'un statut privilégié. Cela va des édifices de la plus ancienne Égypte aux Dionysiastes grecs chargés de la construction des temples, des théâtres, des édifices publics, en passant par les *collegia* de Rome dès le roi Numa

Pompilius, au VIIIe siècle avant notre ère, sans oublier les bâtisseurs de la chrétienté et jusqu'aux rénovateurs de la Renaissance. « Les collèges subsisteront jusqu'à la chute de l'Empire romain dans toute leur vigueur », écrit Bègue-Clavel. « L'invasion des barbares les réduisit à un petit nombre [...] mais lorsque [les barbares] se convertirent au christianisme, les corporations fleurirent de nouveau. [...] Les membres des corporations eurent le privilège de fixer eux-mêmes le taux de leurs salaires et de régler exclusivement, dans leurs chapitres généraux, tout ce qui appartenait à leur gouvernement intérieur. » De par leurs statuts, poursuit l'auteur, les corporations jouissaient du « privilège exclusif de construire les édifices religieux » et étaient « affranchies de toutes les lois et statuts locaux, édits royaux, règlements municipaux concernant soit les corvées soit toute autre imposition obligatoire pour les habitants du pays ». Et c'est par ce privilège d'exonération de charges et obligations que les partisans de cette conception expliquent le recours au terme « francs », autrement dit « libres », pour qualifier ses bénéficiaires. Bègue-Clavel évoque encore plusieurs de ces sociétés, celle des maîtres de Côme, la confrérie de la cathédrale de Strasbourg et ses satellites de Cologne, Vienne, Zurich et Magdebourg, dont les outils de référence sont l'équerre, le compas, le niveau ; celle aussi dénommée Compagnie de la Truelle, à Florence, au début du XVIe siècle, dont les symboles sont la truelle, le marteau et l'équerre, etc.

La difficulté est que l'histoire se trouve devant l'impossibilité d'accorder crédit à cette approche. Les prétendus exonérations, dispenses, statuts particuliers qui auraient été accordés à ces communautés de gens du bâtiment, justifiant selon Bègue-Clavel que leurs membres aient été qualifiés de « francs », ne sont attestés dans aucun document, aucune charte. Cela est donc une pure hypothèse apparue au XVIIIe siècle afin d'embellir et enrichir le cheminement historique de l'ordre maçonnique.

En fait, une confusion est à la source de cette légende. À l'époque de la maçonnerie opérative, celle qui bâtit effectivement les monuments, au Moyen Âge, le terme « free » ne s'applique pas à l'ouvrier lui-même, mais à la matière qu'il travaille, la pierre. La pierre dite libre – *free stone* – est la pierre ornementale ainsi différenciée de la pierre de gros œuvre, la pierre ordinaire qui est jointe aux autres pour composer le mur, la voûte, le pilier. Au contraire de cette dernière, la *free stone*, est la pierre noble, celle qui, dégagée (autre acception du mot *free*) de la masse, est décorée, ouvragée, sculptée par l'ouvrier hautement qualifié, cet artiste-artisan que l'on appelle alors le « free stone masson », puis par contraction, le « free masson ». D'où l'attribution tardive de franchises plus ou moins imaginaires destinées à faire coller cette notion de « libre », de « franc » à l'ouvrier même et non plus à son matériau.

Lors de l'émergence de la franc-maçonnerie spéculative, quelques siècles plus tard, ce malentendu – gratifiant, il est vrai – se trouve promu référence intangible.

Bègue-Clavel et tant d'autres avec lui visent à établir l'existence d'une tradition professionnelle continue dans le monde du bâtiment que, cependant, là encore, l'histoire ne peut guère cautionner.

En effet, d'importantes ruptures, parfois de plusieurs siècles, sont intervenues, et le modèle des structures ouvrières romaines, par exemple, ne se retrouve nullement dans ce que seront les premières communautés de bâtisseurs lorsque, avec les embellies économiques qui suivent les invasions dites barbares, la nécessité de bâtir se fera de nouveau jour. Et si à partir des VIIIe et IXe siècles, la chrétienté entreprend une politique très active de construction de lieux de culte afin d'affirmer son rayonnement sur tout l'Occident, cette longue période de chantiers religieux, d'abord romans puis gothiques, prend fin lorsque le maillage cultuel est achevé, chaque évêché s'étant doté de sa cathédrale, de son palais épiscopal et des dépendances à vocation civile et économique.

S'ils ne nient pas ces ruptures, Bègue-Clavel et les auteurs de cette « école » ne considèrent pas que les communautés d'artisans bâtisseurs aient pour autant disparu. Leurs traditions se seraient perpétuées, au moins sur le mode de la nostalgie, en dehors de toute donnée historiquement prouvée. Peu à peu, les maçons opératifs – ceux qui appartiennent effectivement aux métiers du bâtiment – ayant disparu, il ne serait plus resté dans les loges que des maçons spéculatifs, c'est-à-dire des personnalités admises dans la confrérie pour des raisons de prestige, d'influence, de reconnaissance, de protection ou autres, mais sans compétences particulières en matière de construction. Cependant, rien ne vient étayer cette hypothèse et il est fort douteux que ces personnalités extérieures qui le plus souvent ne paraissaient en loge qu'une seule fois, lors de leur « intronisation » ou « initiation », aient été en mesure d'entretenir la flamme et de transmettre la liturgie.

Il en va de même pour la référence au compagnonnage, si fréquemment avancée comme source de la franc-maçonnerie spéculative. Les premiers documents attestant de l'existence officielle du compagnonnage sont de 1420, fin de la grande période de construction des cathédrales. Encore la première ordonnance y faisant référence ne concerne-t-elle pas les ouvriers du bâtiment mais les cordonniers[1]. Elle évoque l'itinérance de ceux de Troyes à des fins de perfectionnement professionnel.

Cependant, cette forme de groupement existe alors de manière informelle, plus ou moins clandestine, depuis environ un siècle. Mais son objet se veut bien différent de ce que sera celui de la franc-maçonnerie. Il convient de noter d'emblée que ce compagnonnage-là ne saurait être confondu avec les organisations de métiers telles les corporations ou les

1. FAVIER (Jean), *Dictionnaire de la France médiévale*, Fayard, 1993.

guildes. Au contraire, il naît d'une contestation du modèle corporatiste qui, après avoir joué un rôle indéniable en matière de rationalisation professionnelle, a fini par se scléroser. Au demeurant, l'appellation même de « compagnonnage » dit clairement ce que ces communautés sont et ce qu'elles revendiquent. Il s'agit, comme la dénomination l'indique, de groupements de « compagnons », c'est-à-dire d'ouvriers non admis comme maîtres. Cela est fondamental. Et c'est parce que le compagnonnage se pose en contestataire du système établi que son existence, ses pratiques se trouvent en effet placées sous le sceau de la clandestinité, du secret.

Pourquoi cette contestation ? Au Moyen Âge, les corporations ont mis en place une sélection rigoureuse d'accès à la maîtrise. Il s'agissait dans le principe de répondre au besoin légitime d'excellence et d'entretenir le haut niveau de compétence acquis dans les arts et les métiers, dont celui de bâtir. Au fil du temps, le système s'est perverti en une forme de népotisme strictement verrouillé. L'accès à la maîtrise est devenu héréditaire. Seuls les fils de maîtres avaient une chance d'être agréés par le collège de maîtrise et de devenir maîtres eux-mêmes. Les autres compagnons s'en voyaient exclus, d'où leur regroupement plus ou moins clandestin en groupes de refus, de révolte, de résistance pourrait-on dire. Allant jusqu'à fomenter des grèves, ils ont été accusés de vouloir saper l'ordre établi.

L'Église en vint à les condamner. Ce fut le cas en particulier en 1326 à Avignon lorsqu'un concile, sous l'autorité du pape Jean XXII, les frappa d'interdit. Il leur était reproché de se réunir « pour tenir conciliabules et réunions, y prononcer un serment [...], de revêtir certains habits et de faire usage de marques et signes distinctifs, [...] de jurer sur les Évangiles et d'élire un d'entre eux comme leur supérieur auquel ils jurent d'obéir en tout ». À propos de cette bulle, nous avons observé une récupération historique par les tenants de la continuité ininterrompue : ils voient dans le fait que cette bulle dénonce des pratiques qui seront, bien plus tard, celles des loges, la preuve que la franc-maçonnerie était alors déjà constituée, structurée. Alors que c'est le contraire qui se produit, la franc-maçonnerie s'inspirant *a posteriori* de ces données.

Dès lors, si l'on osait une simplification, le succès du compagnonnage de cette époque et l'hostilité du pape qu'il suscite ont davantage à voir, là aussi, avec un épisode de la lutte des classes qu'avec une quelconque quête ésotérique.

Quant à l'ère moderne, s'il y a d'incontestables similitudes de rites et de pratiques dans les signes de reconnaissance et la référence au secret entre les communautés compagnonniques et maçonniques, la raison en est la forte influence qu'a exercée la franc-maçonnerie sur ces communautés, en particulier tout au long du XIXe siècle, et non l'inverse[1]. Là aussi, nous nous trouvons devant un accommodement historique douteux.

Enfin – et surtout –, il n'apparaît nulle part que le compagnonnage ait jamais eu une quelconque assise en Angleterre, là où tout a pourtant commencé pour la franc-maçonnerie spéculative, au début du XVIIIe siècle.

1. DACHEZ (Roger) et BAUER (Alain), *La franc-maçonnerie*, Presses universitaires de France – PUF, 2013.

14

Une imposture vivace : l'ordre du Temple, ancêtre martyr de la franc-maçonnerie

L'autre grand mythe portant sur l'origine de la franc-maçonnerie est celui de la survivance de l'ordre du Temple, et, à travers elle, de ses supposés secrets. Cette vision romanesque à souhait repose malheureusement sur une imposture historique. Imposture florissante qui ne peut tenir que si l'on pare l'ordre du Temple de caractéristiques, de qualités, de pouvoirs, de connaissances secrètes, de grandeurs militaires et mystiques qu'il n'a vraisemblablement jamais eus, du moins à un tel degré. Ou s'il les a eus, ce n'était plus le cas les dernières décennies de son existence. En tout état de cause, les éléments prétendument historiques avancés pour étayer la thèse de la filiation ne résistent guère à l'analyse.

Il faut dire que chez nombre d'auteurs partisans de cette thèse, les arguments avancés frisent parfois le délire. L'idée générale est que lors de la chute de l'ordre, les secrets considérables qu'il était censé détenir, ainsi que son mystérieux trésor, auraient pu être sauvegardés par des chevaliers rescapés, ou transmis à l'ultime moment par le grand maître Jacques de Molay, et mis à l'abri en Écosse où des fugitifs auraient trouvé refuge.

Dans cette optique, l'ordre du Temple, matrice de la franc-maçonnerie, serait à considérer lui-même comme une société secrète, ce que Condorcet semble entériner lorsqu'il déclare, sans doute avec un soupçon d'ironie, que les Templiers mériteraient d'être rangés parmi ces sociétés pour avoir été attaqués avec constance tant par l'Église que par le pouvoir monarchique.

Là d'ailleurs, dans cette double stigmatisation, est la source du succès du mythe templier. Condamnés par le roi, abandonnés et frappés d'interdit par le pape, les moines-soldats du Temple sont, pour les uns, martyrs du pouvoir temporel, et pour les autres, victimes du pouvoir religieux. Ils cristallisent en cela le rejet des deux formes d'autorité que combattront plus tard les Lumières mais aussi les romantiques, les révolutionnaires, les républicains, les libertaires, les anarchistes, les libres penseurs : le trône et l'autel. Cette dimension historico-symbolique aurait pu suffire à faire de l'ordre du Temple une référence exaltante, à défaut d'être convaincante, pour les gloses maçonniques. Mais certains veulent y voir bien davantage, quitte, comme nous l'avons dit, à réécrire l'histoire.

Au début du XIIe siècle, en 1109, à Jérusalem, neuf chevaliers dont Hugues de Payns, leur chef, ont le projet de se constituer en milice pour assurer la protection des pèlerins venus d'Occident sur les Lieux saints. On a émis l'hypothèse que le djihad, constitué de religieux musulmans combattants, leur aurait servi de modèle. Baudouin II, le monarque du royaume franc d'Orient, leur attribue pour logement une dépendance du palais royal, proche des vestiges du temple de Salomon, d'où la dénomination de chevaliers du Temple ou Templiers. Une décennie plus tard, en 1118, un concile régional qui se tient à Troyes leur octroie une règle calquée sur le modèle cistercien et cautionnée, non sans réticence d'ailleurs, par Bernard de Clairvaux. Il en sortira ce que l'historienne Simonetta Cerrini, exégète incontournable de cette règle, n'hésite pas à qualifier de « Révolution des Templiers » puisqu'elle fait des Templiers des moines autorisés à transgresser le cinquième commandement : « Tu ne tueras point. » Ils sont moines et soldats, ce que semble symboliser le sceau de l'ordre où l'on voit figurer sur le même cheval, deux cavaliers : le moine et le guerrier. D'autres interprétations y voient un symbole du vœu de pauvreté.

L'affaire du concile de Troyes n'est pas anodine en effet, comme le souligne Barbara Frale[1], historienne attachée aux Archives secrètes du Vatican, spécialiste émérite de l'ordre du Temple : « Il ne s'agit pas simplement d'instituer un corps militaire guidé par des valeurs religieuses », écrit-elle, « il faut trouver le moyen de donner une existence canonique à un ordre de frères habilités à guerroyer et à tuer. En se bornant à élargir et institutionnaliser la confrérie militaire de Payns, on court le risque que cette future armée tombe sous le contrôle du pouvoir laïque ou de l'aristocratie militaire d'où sont issus ses membres ; pour pouvoir en disposer à l'usage exclusif de la Terre sainte, il faut la soustraire à toute autorité et en faire le sujet de l'Église exclusivement, ce qui ne peut se réaliser que si elle prend la forme d'un ordre monastique. » En d'autres termes, il est fait en sorte que cet ordre bénéficie d'une autonomie absolue tant politique que judiciaire ou économique. C'est ce qu'institue la bulle *Omne datum optimum* du pape Innocent II en 1139, confirmée et amplifiée par ses successeurs.

En fait, nous avons ici, d'emblée, la vraie cause de la perte de l'ordre deux siècles plus tard. En le soustrayant « à toute autorité » autre que celle du pape, on constitue une force armée, et bientôt une puissance économique, échappant à tout contrôle, ingérable, exemptée de toutes « charges fiscales normales et jouissant d'une pleine autonomie face aux pouvoirs laïques et ecclésiastiques ». De plus, privilège exorbitant, « on donne au Temple la possibilité d'avoir ses

1. *Les Templiers*, préface d'Umberto Eco, Belin, 2008.

propres prêtres, délivrés de la soumission aux évêques et aux archevêques[1] ».

Lorsque, quelque deux cents ans plus tard, Philippe le Bel entendra affermir l'autorité royale et faire de son royaume un véritable État, entreprise que Machiavel érigera en référence et où Jules Michelet verra « la fondation de l'ordre civil », cette aberration politique, cet abcès de fixation d'un pouvoir autre que le sien au sein même du royaume deviendra intolérable. Ainsi, il lui faudra non seulement en chasser l'ordre, ce qui aurait été facile, mais surtout éradiquer le principe même de son existence fondé sur les décisions du concile de Troyes et les bulles pontificales. Telle est la raison pour laquelle Phillipe le Bel tiendra tant à ce que le processus d'élimination de l'ordre du Temple revête toutes les formes juridiques souhaitables, et qu'il soit entériné par le pape lui-même, unique tutelle de droit, là aussi au cours d'un concile, celui de Vienne sur le Rhône, en 1312.

On le constate, l'affaire se situe à un tout autre niveau politique que celui où on le cantonne lorsque l'on fait de la cupidité du roi le seul mobile de son action à l'encontre des Templiers. Celui-ci les aurait arrêtés et emprisonnés dans l'unique but de s'emparer de leur trésor et de leurs biens.

Or, si tel était le vrai motif, il y avait plus expéditif et plus simple que cet interminable imbroglio procédural. Le roi de France l'avait d'ailleurs démontré l'année précédente. Il contraint alors Jehan de La Tour, le trésorier du Temple en France, à lui verser trois cent mille florins d'or, « une somme énorme », précise Barbara Frale, « équivalent à peu près au budget annuel d'une des plus florissantes républiques maritimes d'Italie et qui, selon toute probabilité, vida pratiquement les coffres de la maison mère de Paris ». Cette transaction s'effectue à l'insu du grand maître Jacques

1. DACHEZ (Roger) et BAUER (Alain), *op. cit.*

de Molay qui se trouve alors à Chypre, lieu de résidence et de commandement de l'ordre depuis la perte des Lieux saints et la fin du royaume franc d'Orient quelques décennies plus tôt. Molay découvrira ce gouffre financier lorsqu'il sera de retour en France, répondant alors à la convocation du pape qui souhaite évoquer les critiques dont le Temple fait de plus en plus l'objet et le projet de fusion de celui-ci avec les hospitaliers de Saint-Jean, débat en suspens depuis des lustres, en particulier depuis le grand concile de Lyon de 1274. À la suite de cette énorme ponction de capitaux, Jehan de la Tour se voit exclu de l'ordre.

Ainsi, non seulement, Philippe avait d'autres moyens de s'emparer des richesses du Temple, mais il y avait déjà tellement puisé peu auparavant que l'entreprise risquait de se révéler d'un assez maigre rapport.

En outre, il pouvait encore procéder comme il l'avait fait quelque temps plus tôt avec les banquiers lombards et les juifs, les expulsant sans autre forme de procès et saisissant ce qui pouvait l'être. Ce faisant, il aurait mis ses pas dans ceux de l'empereur Frédéric II de Hohenstaufen qui, en 1229, avait, d'un trait de plume, chassé de son royaume de Sicile les Templiers eux-mêmes, qu'il méprisait, et saisi tous leurs biens et possessions. L'ordre est pourtant alors au faîte de sa puissance et de son prestige, prestige qu'il n'a plus quatre-vingts ans plus tard, en 1307. Il s'en faut de beaucoup.

Les Lieux saints sont définitivement perdus avec la chute de Jérusalem en 1244 ; quant au dernier bastion du royaume franc d'Orient, Saint-d'Acre, il tombe à son tour en 1291. Par le fait, la justification militaire attachée dans son principe même à l'ordre du Temple s'effondre, elle aussi. Parallèlement, l'idée de croisade n'enthousiasme plus les foules. La mobilisation ne fait plus recette. « La croisade est un roquet qui aboie après un molosse qui n'a pas un regard pour lui », déplore déjà en 1274 un dignitaire lors du concile de Lyon. Sans croisade, on l'évoque souvent, on lève l'impôt qu'autorise ce saint devoir et chacun reste chez soi.

Dans les deux siècles qui ont passé entre la création de la milice du Temple par Hugues de Payns et la chute de l'ordre, le monde occidental a changé. Singulièrement le royaume de France. En ce tout début de XIVe siècle, Philippe le Bel, monarque infiniment mieux avisé et de plus grande envergure politique que ses détracteurs le prétendent[1], s'attache à doter le pays d'institutions pérennes, comme la Cour des comptes ; il initie des pratiques constitutionnelles telle la convocation d'états généraux ; il crée un parlement fixe et non plus aléatoire et itinérant. Le fisc devient une institution coordonnée, efficace. Surtout, il entreprend la laïcisation du pouvoir politique en déniant au pape toute autorité sur le temporel et en excluant les clercs de son conseil au profit de banquiers et de légistes (on dirait aujourd'hui juristes), dont le célèbre Guillaume de Nogaret qui n'est pas le sombre suppôt de Satan assoiffé du sang des Templiers, l'agent zélé de l'Antéchrist que prétendent encore aujourd'hui les défenseurs de la cause templière, mais plus probablement un des meilleurs légistes de son temps. Qu'il ait usé de méthodes, elles aussi, bien de son temps est une autre affaire.

Avec la réforme grégorienne du XIIe siècle, coïncidant avec les débuts de l'ordre du Temple, l'Église entendait confisquer l'autorité en tous domaines ; deux siècles plus tard, la politique capétienne et de ses légistes est de reconquérir cette autorité.

Dans ce contexte, l'ordre des Templiers qui, rappelons-le, n'est censé rendre des comptes qu'au pape – quand il consent à en rendre[2] –, et dont la mission s'est évanouie

1. FAVIER (Jean), *Philippe le Bel*, Fayard, 2000.

2. À l'heure de ce procès, c'est-à-dire deux siècles après la rédaction de la règle, le pape Clément V en est encore à la réclamer. Il n'en dispose toujours pas, lui qui est la seule autorité dont l'ordre dépende.

avec les défaites militaires et la perte définitive des Lieux saints, mais dont les privilèges hors normes subsistent néanmoins, fait figure d'anachronisme.

En 1274, le concile de Lyon décide la dissolution de quelque vingt-deux ordres jugés inadaptés à leur temps. La refonte du paysage monastique ne concerne donc pas seulement le Temple. Mais toute une postérité refusera cette réalité sèchement politique. Et c'est dans une série de mythes fabriqués de toutes pièces que puisent les défenseurs de la théorie selon laquelle la franc-maçonnerie serait en quelque sorte la fille aînée de l'ordre du Temple. Fille conçue dans le plus grand secret, cela s'entend.

Comme nous l'avons vu, leur conviction repose sur un préalable incontournable : magnifier l'ordre, car il est bien évident que ce n'est pas sur la base de l'état des lieux que nous venons d'esquisser qu'un mythe valorisant a la moindre chance de germer.

Ainsi, leur démarche consiste à parer l'ordre – comme le suggère Condorcet – des caractéristiques des sociétés secrètes, ce qui revient à en faire une communauté dont la vraie dimension, la vraie nature et les véritables pouvoirs sont autres que ceux que le profane, roi de France ou pape, peut percevoir.

Pour les adeptes de cette filiation, le grand secret des Templiers est leur trésor ainsi que l'origine de ce trésor. Sur ce point, nous avons l'embarras du choix.

Selon certains, ces moines-guerriers, au contact des merveilles et des arts magiques de l'Orient auraient percé tout à la fois les mystères de l'alchimie, de la kabbale, de l'hermétisme, et, ainsi, leur moindre talent aurait été de savoir transformer le vil métal en or. Le trésor serait en conséquence tout aussi matériel que spirituel.

Pour d'autres, le trésor secret des chevaliers du Temple est d'une origine différente. C'est la thèse présentée par Christopher Knight et Robert Lomas dans leur surprenant ouvrage *La Clé d'Hiram*[1]. Selon eux, Hugues de Payns et ses compagnons n'avaient pas pour vocation d'assurer la sécurité des pèlerins, mais de fouiller les vestiges du temple de Salomon. Là, ils auraient mis au jour des trésors bibliques, religieux, d'autres beaucoup plus prosaïques, et d'autres encore purement ésotériques dont ils auraient naturellement gardé le secret et s'en seraient institués les gardiens à jamais.

L'origine de la richesse matérielle de l'ordre remonterait à ces fouilles : « Les premiers Templiers durent trouver l'or, l'argent et les autres trésors enterrés par les Juifs pendant la guerre de 66-70 alors que les romains les balayaient », écrivent Knight et Lomas. Pour justifier ce rôle si méconnu qu'ils assignent aux Templiers, ils font observer que le mot « pèlerins » ne figure pas dans la règle de l'ordre. Ils en concluent que la mission des moines-soldats n'était pas la protection de ces pèlerins, mais l'exploration des entrailles du temple détruit depuis alors plus de mille ans. On notera néanmoins que le mot « fouilles », ou tout autre approchant, ne figure pas davantage dans la règle.

Les mêmes auteurs ne sont pas en reste lorsqu'il s'agit de doter les Templiers de mérites et de prouesses qui auraient contribué à la constitution du fabuleux trésor. Ils avancent que, environ deux cents ans avant Christophe Colomb, les Templiers auraient pris pied en Amérique. Ils en veulent pour témoignage les sculptures d'un chapiteau de colonnes dans une chapelle, à Rosslyn, en Écosse. Ces sculptures montreraient des pommes de maïs et des fleurs d'aloès. Partant du principe que ces végétaux sont originaires du continent américain et que la chapelle a été construite avant la découverte de Colomb, ils en déduisent que ce sont des Templiers, réfugiés en Écosse après la fin de l'ordre, qui ont voulu laisser cette preuve de leur odyssée. Seulement, ils font accoster les navigateurs templiers du côté de Boston,

1. Dervy, 1997.

c'est-à-dire à quatre mille kilomètres au nord des régions où l'on trouvait alors le maïs primitif. Quant à la fleur d'aloès, sa représentation ne saurait prouver quoi que ce soit, étant connue dans le bassin méditerranéen depuis l'Antiquité. De ce fait, nul besoin de se référer à une improbable origine américaine. Par ailleurs, jusqu'à ce jour, personne, à notre connaissance, n'a fait écho d'une implantation templière du côté de Boston ou ailleurs sur la côte est des Amériques. Aucun vestige de la présence de ces exilés, que l'on nous décrit pourtant comme d'ardents bâtisseurs, ne semble y avoir été découvert.

Cette hypothèse de la présence templière outre-Atlantique retient également l'attention d'autres auteurs, Jacques Rolland par exemple, qui envisage que les Templiers se seraient procuré auprès de peuples de l'Amérique du Sud, ou centrale, un métal à l'époque bien « plus précieux que l'or, l'argent[1] ».

Toutefois, on notera que lorsque l'ordre est dissous et ses membres chassés, ce n'est pas l'Amérique qu'ils choisissent pour refuge et terre d'un hypothétique nouveau départ. Quant à Christophe Colomb, les auteurs que nous avons cités et d'autres, tel Jonathan Black[2], en font un fidèle du Temple pour avoir épousé, en 1479, Filipa Moniz, fille de Bartolomeu Perestrelo qui aurait été un ancien grand maître de l'ordre de Jésus-Christ, ordre qui fut fondé au Portugal en 1319 à l'initiative et sous le contrôle de son roi, Denis. (En conséquence, voir cet ordre comme la continuation pure et simple de celui du Temple, qui, lui, ne relevait que de l'autorité du pape est assez hasardeux, même si d'anciens Templiers sont venus s'y fondre.) Par ailleurs, d'un point de vue purement anecdotique, il apparaît douteux que Colomb ait pu être initié ou influencé par son beau-père, celui-ci étant

1. ROLLAND (Jacques), *Des Templiers à la franc-maçonnerie. Enquête sur une filiation*, Trajectoire, 2011.

2. *Ibid.*

mort depuis vingt-deux ans lorsqu'il épouse sa fille, elle-même n'ayant que deux ans lors du décès de son père. Enfin, s'il existe bien un lien historiquement démontré entre le navigateur et un ordre religieux, c'est avec le tiers ordre franciscain fondé par saint François d'Assise en 1221, association de séculiers s'engageant à observer toutes les pratiques compatibles avec leur condition. Colomb en portait le cordon – dit « cordon de saint François [1] » – autour des reins.

Néanmoins, si l'on en croit les auteurs cités plus haut, il aurait détenu des « cartes secrètes » de la route des Amériques. Elles lui auraient été remises à La Rochelle par un « maître secret » du Temple, ordre aboli alors depuis près de deux siècles, rappelons-le. Ces auteurs voient aussi une preuve de l'implication templière du navigateur dans la représentation de la croix sur les voiles des caravelles, malheureusement sans préciser quand, dans l'imagerie consacrée à l'épopée colombienne, ces visuels sont apparus. Par ailleurs, si la croix des voiles est bien celle des Templiers, comment justifier ce pied de nez à l'autorité pontificale qui avait dissous l'ordre en menaçant des pires avanies, dont l'excommunication, quiconque serait tenté de le faire survivre ou « utiliserait le nom et les signes distinctifs du Temple [2] » ? On imagine mal les « Rois très Catholiques » (dignité suprême accordée par le pape) Isabelle et Ferdinand, protecteurs de l'expédition, tolérer une telle injure faite à l'autorité pontificale, à l'Église autant qu'à leur propre autorité.

Là encore, la méthode choisie pour tenter d'établir une filiation, et qui consiste à distordre les faits pour les faire entrer dans une démonstration préétablie, n'est guère crédible.

L'origine du « trésor », ou plus exactement de la puissance financière du Temple, est moins pittoresque, moins

1. ROSELLY DE LORGUES (Antoine), *Christophe Colomb*, Victor Palmé, 1879.

2. ECO (Umberto), « La Bustina di Minerva » in *L'Expresso*, 2004.

innocente. Moins mystérieuse surtout. Et beaucoup plus prosaïque. En vertu de la bulle *Milites Templi* de janvier 1144, confirmant la règle et amplifiant ses principales dispositions en faveur de l'ordre, les héritages, les dons, les aumônes valent indulgences pour le donateur, c'est-à-dire un allégement de peine dans l'au-delà pour les péchés d'ici-bas. Par exemple, à la suite de cela, les dominicains stipulent lors de leur chapitre général qu'ils s'engagent à solliciter de tout agonisant un legs au profit du Temple. De plus, celui-ci crée une qualité propre à stimuler les dernières volontés en sa faveur, celle de « Templier *in extremis* ». En contrepartie de l'abandon de ses biens au Temple, tout homme peut se voir intronisé frère templier sur son lit de mort ou dans ses derniers moments. Il sera alors inhumé dans la tenue blanche à croix pattée.

Par ailleurs, nous l'avons suggéré, les Templiers se voient exonérés du paiement des dîmes. Mais ils sont habilités à les percevoir. Ils ont droit de butin. L'ordre peut recevoir des dons et des héritages de personnes excommuniées, ce qui est interdit aux autres clergés, séculiers et réguliers. Lorsqu'il disposera de ses propres lieux de culte et de cimetière, il accordera, contre dons, des funérailles en terre chrétienne à ceux qui en sont interdits : adultères, usuriers, excommuniés, etc.

Les seigneurs en partance pour la croisade confient à l'ordre la garde et l'exploitation de leurs biens et richesses. C'est au Temple que, en expiation de l'assassinat de Thomas Becket, Henry II fait une donation sonnante et trébuchante, de quoi entretenir en Terre sainte une armée de deux cents chevaliers une année entière.

Le Temple prête de l'argent aux pèlerins désireux de partir sur les Lieux saints en échange de l'usufruit de leurs biens durant leur absence et de la pleine propriété s'ils ne reviennent pas ou ne parviennent pas à rembourser. De plus, à la mort de l'emprunteur, remboursement effectué ou non, le bien revient au Temple par testament. L'ordre fait aussi commerce de mille choses, y compris à Paris, de la viande par exemple, pourtant exclusivité de la puissante corporation des bouchers écorcheurs, ou encore du poisson. En 1182, il faudra une décision royale pour tenter d'y mettre bon ordre.

Le Temple, s'il se fait le banquier des rois, leur prêtant des sommes énormes, n'oublie pas dans sa démarche les petits profits, ceux que l'on peut réaliser auprès des plus humbles. Ainsi dans l'inventaire d'une commanderie de Normandie trouve-t-on l'enregistrement d'un prêt sur gages portant sur « un surcot bleu appartenant à la femme de Roger de Planes et laissé en gage », et ailleurs la trace d'une rente annuelle versée au Temple constituée de « dix œufs à Pâques et d'un chapon à la Nativité ». En cela le Temple n'est pas une exception : à partir du XIe siècle, quand les juifs ne suffisent plus à jouer le rôle de bailleurs de fonds et où les marchands non juifs n'ont pas encore investi cette activité, les monastères y suppléent et deviennent des établissements de crédit[1].

Bref, le Temple est une banque. Il ouvre des comptes courants aux princes, aux monarques, aux négociants, garantit les échanges financiers et commerciaux. Les commanderies et maisons de l'ordre réparties sur les territoires d'Occident et du Moyen-Orient sont autant de comptoirs qui constituent un réseau international pour la circulation des paiements et investissements. Le système est remarquable même s'il est très exagéré de faire des Templiers les inventeurs de la banque. L'activité bancaire, y compris sous la forme d'écritures sans transport de numéraire, est attestée, à Athènes par exemple, dès le IVe siècle avant notre ère.[2]

---

1. GÉNESTAL (Robert), *Le Rôle des monastères comme établissements de crédit étudié en Normandie du XIe à la fin du XIIIe siècle*, Arthur Rousseau, 1901.

2. PETIT (Paul), *La Civilisation hellénistique*, Presses Universitaires de France – PUF, 1962.

Les idolâtres des Templiers en ont fait aussi les inventeurs d'une langue et d'un alphabet secrets, exhumés dans l'enthousiasme par l'abbé Grégoire (1750-1831) – réputé franc-maçon – à la fin du XVIIIe siècle. Si l'on peut supposer que, étant originaires de régions et pays différents, les Templiers pouvaient recourir entre eux à une sorte d'espéranto, la note difficilement lisible sur laquelle on fait reposer l'hypothèse d'une langue secrète – note dont le contenu est censé être de la plus haute importance, et de ce fait hermétiquement codé – est en réalité une recette de soins pour les chevaux écrite dans un mélange de langue d'oc et de bas latin[1].

1. Comme l'a récemment révélé l'historienne Simonetta Cerrini, après avoir soumis le document à la lampe de Wood afin de pouvoir enfin le décrypter correctement in *La Révolution des Templiers*, Perrin, 2007.

15

Pharaon et cathédrales : origines improbables ?

Les tenants de la filiation Templiers-francs-maçons empruntent aussi l'autre chemin, celui que nous avons évoqué plus haut à propos des collèges de bâtisseurs. La liaison qu'ils exhument est aussi fort étonnante : les Templiers – des « architectes-templiers » pour être précis – seraient à l'origine des cathédrales. « Sans les Templiers, les cathédrales eussent été impossibles. Ne serait-ce déjà qu'au seul plan religieux[1] », affirme Jacques Rolland. « Un peu à la manière des musulmans, n'étaient-ils pas déjà convaincus que Jésus-Christ n'était qu'un prophète, un maître à penser, un maître spirituel et que dans ces conditions aucun dieu n'avait pu être crucifié. [...] Dès lors, on ne pouvait représenter aux tympans des cathédrales qu'un Christ victorieux, pantocrator, et non plus le condamné à mort des églises romanes. »

Or, si tel est bien le cas, si les « architectes-templiers », religieux catholiques rappelons-le, dont parle l'auteur, nient la déité de Jésus, ils relèvent en effet de l'accusation d'hérésie. Et la question de leur innocence ou de leur culpabilité devant le tribunal de l'Inquisition se trouve par le fait même résolue, au moins sur ce point précis qui, d'ailleurs, figure en tête des « crimes » exposés dans l'acte d'accusation du procès : « Il est patent que ceux qui procédaient à la

1. ROLLAND (Jacques), *op. cit.*

réception[1] disaient et enseignaient à ceux qu'ils recevaient que le Christ, ou parfois Jésus, ou parfois le Christ crucifié, n'est pas le vrai Dieu[2]. » Si l'on se réfère à la thèse mentionnée ci-dessus, l'aveu de ce déni de déité, hérésie cardinale, se trouvait exposé en majesté aux tympans des cathédrales conçues par ces « architectes-templiers ». La preuve par le marbre, pour ainsi dire, offerte aux yeux de tous. Pain bénit pour l'Inquisition. Comment dès lors les accusés auraient-ils pu nier le crime ? Comment aussi continuer d'affirmer que l'acte d'accusation aurait été dans son intégralité une fabrication diabolique de Nogaret ? Enfin, comment expliquer que, si des Templiers sont bien les auteurs de ces Christ pantocrator, symboles de leur hérésie, ces représentations et leur décryptage n'aient pas été exploités, diffusés *orbi et urbi* lors du procès et au cours de la vaste campagne menée auprès de l'opinion publique par les gens de Philippe le Bel ?

En réalité, la représentation du Christ en gloire, du Christ souverain, pantocrator, dans la pierre des édifices religieux est fort antérieure à l'apparition de l'ordre. L'époque carolingienne, déjà, « plus encline aux manifestations de puissance qu'aux expressions d'humilité, laissa dans l'ombre tout ce qui pouvait apparaître comme faiblesse dans le Christ. [...] Les aspects réalistes et souffrants de sa Passion furent passés sous silence[3] ». Et à partir du siècle suivant, le XIe siècle, le Christ en majesté, pantocrator, devient le sujet dominant de la statuaire romane et gothique.

En résumé, on ne peut que constater combien fragiles sont les arguments, et ténus les documents vérifiables, qui attesteraient du rôle des Templiers dans la construction des cathédrales. Comme trop souvent dans ce type d'approche, si les hypothèses et les supputations sont nombreuses, les

1. Des nouveaux membres (N.D.A.).

2. BARBER (Malcolm), *Le Procès des Templiers*, Presses Universitaires de Rennes, 2002.

3. LE GOFF (Jacques), *op. cit.*

éléments concrets de preuve font hélas défaut. Néanmoins, selon la théorie mentionnée plus haut, assez confuse au demeurant, la filiation entre ces « architectes-templiers » et les francs-maçons « s'expliquerait à partir des mathématiques puisque, aussi bien, à certains degrés de la franc-maçonnerie, nous relevons les arts libéraux[1] ».

L'histoire retient plus volontiers que ce sont les évêques – prélats séculiers – qui, rivalisant de prestige et d'exigences architecturales, sont à l'origine des cathédrales[2]. Chacun veut la sienne, plus grande, plus belle, plus narrative, plus didactique, plus symboliquement parlante aux foules toujours plus nombreuses des fidèles. Que ces cathédrales offrent différents niveaux de lecture, qu'elles recèlent une réelle richesse ésotérique est un autre aspect de la question qui renvoie aux artistes, aux magiciens de la pierre, non aux Templiers. Enfin, est-il besoin d'ajouter que, entre la hiérarchie épiscopale et le Temple, les relations ont toujours été très tendues, si ce n'est exécrables ? Nombre des privilèges extraordinaires, notamment fiscaux et financiers, dont bénéficiait l'ordre ne pouvaient que susciter l'hostilité, parfois larvée, parfois ouverte, parfois encore violente, du clergé séculier.

Certes, les Templiers bâtissent à travers le territoire. Mais ce qu'ils édifient ne confirme guère l'hypothèse mentionnée plus haut. Ils construisent des commanderies, des fermes, des chapelles, des églises aussi, certes, des ponts, des routes… Mais, comme le souligne Jean-Pierre Bayard, le Temple « n'est pas un ordre orienté vers la construction d'édifices. […] Les Templiers établissent les constructions dont ils ont besoin en se conformant au plan des monastères cisterciens[3] ». Il s'agit pour eux de répondre par le bâti à un besoin utilitaire de production agricole ou de négoce.

---

1. ROLLAND (Jacques), *op.cit.*
2. WENZLER (Claude), *Les Cathédrales gothiques. Un défi médiéval*, Éditions Ouest-France, 2010.
3. in *La Tradition cachée des cathédrales*, J'ai Lu, 2014.

Il est évident que le but de la théorie que nous venons d'évoquer est d'inventer une jonction, un fil continu entre la fin de l'ordre, au début du XIII^{e}siècle, et l'apparition officielle de la franc-maçonnerie quatre cents ans plus tard. Il s'agit de faire de l'ordre du Temple la société secrète, ou la manifestation visible d'une société secrète supérieure, qui allait enfanter la franc-maçonnerie. La spéculation est la suivante : si les Templiers sont impliqués dans l'art des cathédrales, les communautés de bâtisseurs – présentées elles-mêmes comme se perpétuant en continuité de l'opératif au spéculatif – peuvent avoir assuré le lien. Ainsi, le soupçon de rupture et d'anachronisme ruinant la légende de la filiation se trouverait aboli.

Pour tous ces auteurs, les Templiers, victimes de la cupidité du roi de France et de l'hystérie exterminatrice d'un Nogaret, ont été condamnés lors d'une parodie de justice sur la base d'accusations inventées de toutes pièces et d'aveux extorqués sous la torture. Knight et Lomas ne se hasardent-ils pas à soutenir que, la nuit de son arrestation, Jacques de Molay eut à subir, jusque dans ses moindres tourments, la passion du Christ : la couronne d'épines, la crucifixion, la blessure par lame à l'abdomen ? Le linceul dont son corps supplicié – mais encore animé d'un souffle de vie – aurait ensuite été enveloppé ne serait autre que le linceul de Turin, le « Saint suaire ». Faut-il rappeler que Jacques de Molay meurt dans les flammes du bûcher sept ans plus tard et qu'aucun stigmate de telles tortures n'a été relevé ni mentionné par ceux qui l'ont approché par la suite, en particulier les trois cardinaux envoyés par le pape pour les auditions des dignitaires captifs du 17 au 20 août 1308 à Chinon ?

Or, si certains Templiers ont été torturés, tous ne l'ont pas été, et en tout état de cause, malgré une légende tenace, ces tourments ont été épargnés au grand maître Jacques de Molay et aux autres principaux dignitaires. Mais, nous l'avons suggéré, la question n'est pas tant, au regard de l'histoire, la culpabilité ou non de ces hommes que la légitimité de l'ordre dans un contexte historique, politique et social complètement différent de ce qu'il était deux siècles plus tôt lors de sa création. Cependant, selon la mythologie des tenants de la cause de la continuité templière, l'ordre, malgré la perte des Lieux saints et la fin du royaume franc d'Orient, demeure « la force la plus puissante et la plus respectée de la chrétienté [1] », raison pour laquelle Philippe le Bel aurait été contraint de se soumettre à l'obligation d'un procès long et complexe plutôt que de le chasser sans façon, comme les juifs ou encore les banquiers lombards peu auparavant en saisissant leurs biens et avoirs pour financer les opérations militaires et l'extension du royaume voulues par le roi.

En réalité, la puissance templière ne cesse de s'effriter avec le déclin de l'esprit de croisade et le désintérêt de l'Occident pour les terres perdues d'Orient. Quant au respect que l'ordre inspirerait encore, il suffit de se reporter aux décrets que les papes se voient contraints d'édicter, l'un interdisant de cracher sur les membres du Temple à leur passage, l'autre de les faire tomber de cheval. Ils ne sont en réalité ni craints ni respectés. D'ailleurs, l'image de fiers guerriers attachée aux chevaliers d'Orient, justifiée quand il s'agit de ceux qui ont eu effectivement à combattre en Terre sainte, se trouve sensiblement écornée dès que l'on se penche sur la composition des effectifs en Occident. Parmi les cent trente-cinq dépositions des frères interrogés à Paris entre octobre et décembre 1307, « nous avons des bergers, des régisseurs, des travailleurs agricoles, un garde de moulins, un maître charpentier, un fermier, un marchand de vin et un laboureur. Sur les cent quinze dépositions ou l'âge de l'intéressé est mentionné, soixante-neuf d'entre eux sont âgés de quarante ans ou plus ». Âge avancé à l'époque. Aucun d'entre eux n'a

1. KNIGHT (Christopher) et LOMAS (Robert), *op. cit.*

vraisemblablement jamais vu un musulman de sa vie ni même tiré l'épée contre quiconque. On comprend dès lors que, dans bien des cas, la seule menace de la torture, ou encore quelques brutalités, aient suffi à les convaincre de passer aux aveux.

Le prestige dont les crédite cette tradition maçonnique est le fait d'une mode sur le thème de la chevalerie apparue trois siècles plus tard. Toute une imagerie flatteuse se propage à ce moment-là, et le Templier devient l'archétype de l'héroïsme guerrier. Mais à l'époque du procès, il n'en est pas de même. Le prestige est en berne. Ainsi que la considération. L'aura militaire de l'ordre s'est évanouie avec l'humiliante perte des Lieux saints, traumatisme considérable pour l'Occident chrétien dont, à l'évidence, la milice templière aura été le parfait bouc émissaire.

Quoi qu'il en soit, le dernier demi-siècle de son existence, il ne restait plus de cet ordre, qui avait été magnifique un siècle durant, que l'arrogance de ses membres, maintes fois dénoncée, la vénalité brutale d'un système de privilèges désormais sans justification et un statut juridique d'un autre temps.

Nous sommes très éloignés ici de l'image que les partisans de la filiation Templiers-franc-maçonnerie s'efforcent de donner. Pourtant, telle est bien la réalité. Nous avons d'ailleurs ce constat, accablant mais éclairant, qui reviendra tout au long du procès : pas une voix dans le royaume ne s'est élevée en faveur de l'ordre. « Aucun homme de bien n'a voulu prendre sa défense », lit-on dans la bulle pontificale *Vox in extenso* consacrant la suppression du Temple. Ainsi peut-on dire que, avant même qu'un roi et un pape s'en mêlent, l'histoire en marche avait condamné cet ordre devenu obsolète.

La question dès lors est de savoir quel intérêt intellectuel, spirituel présente cette obsession de démontrer une filiation entre Templiers et franc-maçonnerie. Si cette filiation existe bel et bien au plan ésotérique, que l'on s'en tienne à l'ésotérique pour l'évoquer sans aller s'enliser dans une prétendue démonstration historique. Le mieux n'est-il pas de laisser l'indicible à l'indicible ? Vouloir établir un lien tangible, au prix d'une méthode très contestable, d'une imposture gavée d'interprétations aventureuses ou grotesques, d'approximations indémontrables, ne peut, pensons-nous, que desservir cette éventuelle parenté qui se situerait dans les hautes sphères spiritualistes. La recherche forcenée de la vraisemblance est la marque d'un rationalisme étroit étranger aux conceptions et à la structure même de pensée de l'homme de l'Antiquité ou du Moyen Âge pour qui le mythe, le légendaire, l'allégorique ne sont pas à l'opposé du vrai, mais le vrai dans une autre tonalité. La mentalité de ces temps n'a nul besoin que l'on torture ces mythes et légendes pour qu'ils soient parés de la même onction de vérité que la plus matérielle des évidences.

La méthode et l'intention ne sont pas moins sujettes à caution lorsque Knight et Lomas font – de surcroît – remonter la franc-maçonnerie à l'Égypte ancienne. Ils établissent un parallèle entre les principes maçonniques d'ordre, de rectitude, d'harmonie, d'équité, de vérité, de tolérance et les notions identiques qui constituent la Maât égyptienne, forme de pensée supérieure qui fonde la conscience juridique du pouvoir du pharaon et nourrit les institutions de l'Égypte ancienne. S'appuyant sur cette parenté, d'ailleurs indiscutable, ils en concluent que la franc-maçonnerie a sa source dans l'Antiquité égyptienne. L'argument qu'ils donnent est que l'existence de la franc-maçonnerie étant antérieure d'un bon siècle au déchiffrement des hiéroglyphes par Champollion, elle ne pouvait avoir acquis ces notions grâce à ces traductions. Il fallait donc qu'elle en soit le dépositaire en ligne directe depuis l'Égypte ancienne.

Ce faisant nos auteurs font délibérément l'impasse sur une réalité historique des plus assurées : la transmission du corpus philosophique et juridique de la Maât à l'Occident par la Grèce, comme il en va de la plupart des connaissances prépharaoniques et pharaoniques ainsi que nous l'avons vu. Hérodote puis Diodore de Sicile nous apprennent que Solon, archonte et législateur d'Athènes, l'un des Sept Sages de la Grèce antique, a longuement étudié les lois en Égypte, tant à la cour royale qu'au sein du temple de Saïs. Nous avons vu que Pythagore a passé probablement vingt ans de sa vie en Égypte, s'y consacrant à l'étude. Aristote, précepteur d'Alexandre, s'est inspiré des conceptions vertueuses de la Maât pour son *Éthique à Nicomaque*. Si lui-même n'a pas étudié en Égypte, son mentor, Platon s'y est profondément imprégné des arcanes de ses mythes, de ses cultes et de sa pensée. Platon dont la statue figure d'ailleurs parmi celles du serapeum de Memphis, l'hémicycle à la gloire des philosophes et poètes grecs édifié par Ptolémée 1er. La dynastie des Ptolémée, dont la langue est le grec, va régner sur l'Égypte de 323 à 30 av. J.-C.

Plus tard, à Rome, Cicéron s'affirme comme le continuateur de cette pensée. Les préceptes essentiels de la Maât passent alors du grec au latin. Ainsi, il n'y a aucune énigme derrière le fait que des francs-maçons du XVIIIe siècle n'aient pas eu à attendre la splendide découverte de Champollion pour se familiariser avec la Maât, « l'ordre juste du monde », comme la qualifie si bien l'égyptologue et historienne française Bernadette Menu[1].

1. MENU (Bernadette), *Maât. L'ordre juste du monde*, Michalon, 2005.

16

Une… mais non indivisible

Sur les chantiers d'importance des grands édifices religieux, dont beaucoup se prolongeaient au-delà de la durée d'une vie humaine, la transmission des techniques et de l'état d'avancement des travaux occupaient tout naturellement une place de première importance. Cette transmission d'informations plus ou moins confidentielles avait lieu dans la loge attenant au chantier. Le travailleur nouvellement admis comme apprenti se voyait reçu comme tel devant les autres ouvriers et une sorte de formation – que l'on appellera « initiation » – lui était alors prodiguée. Elle portait sur deux points. En un premier temps, le métier lui était présenté à travers un récit fabuleux l'inscrivant dans l'univers biblique et conférant aux gestes qu'il allait devoir accomplir dans l'exercice de son office un caractère religieux, sacré. Dans les mentalités du temps, où, nous l'avons mentionné, le mythe est une des formes du réel, cette référence mythologique représente pour le nouveau venu le privilège d'accéder à ce versant de la réalité.

Dans un deuxième temps, lui sont exposés les us et coutumes du chantier et de ses métiers, les règles de comportement qu'il doit suivre, le respect des hiérarchies et les impératifs auxquels il ne peut se soustraire sans encourir le risque de l'exclusion. Cela tient de l'enseignement des bonnes mœurs, du descriptif du règlement intérieur et de l'esquisse d'un Code du travail.

Ce corpus d'initiation à la fois pratique et mythologique recèle évidemment un certain nombre de données qui ne doivent pas sortir de la communauté, parce qu'elles ne seraient pas comprises, parce qu'elles pourraient être détournées de leur objet initial, parce qu'elles risqueraient de tomber en de mauvaises mains, etc. À partir de cet état de fait relevant du simple bon sens, il était tentant d'imaginer que la divulgation de mystères ésotériques était la vraie raison de ces cérémonies.

Il est à noter que la détention de secrets corporatistes n'est pas l'apanage des seuls bâtisseurs. Les ateliers de peintres ont les leurs, visant à protéger la composition des couleurs, la maîtrise de la perspective, etc. Il en est de même, à la Renaissance, chez les maîtres imprimeurs, Plantin, Garamond, qui « inventent » leurs propres caractères d'imprimerie. Depuis bien longtemps, les apothicaires, les herboristes s'entourent eux aussi de mille et un secrets, dont tous ne ressortissent pas aux insondables mystères de l'alchimie. Dans cent autres métiers ne rencontrerait-on pas des usages comparables ? Mais ceux-là ont échappé à la transmutation qui fait passer de l'initiation à l'initiatique.

Pourquoi les métiers du bâtiment ont-ils connu, eux seuls, cette évolution ? Nous en sommes réduits à émettre des hypothèses. L'implication religieuse et métaphysique, que suppose la construction des lieux de culte, peut y avoir sa part, encore que cette implication ne soit pas absente de l'art pictural sacré, si florissant et ouvrant un champ ésotérique potentiel bien aussi vaste, tout comme d'ailleurs l'imprimerie avec la traduction et la duplication des « saints textes ». La durée des chantiers des grands édifices dépassant une vie d'homme, conférant ainsi aux données transmises une légitimité hors du temps, est également une des explications possibles, de même que l'étendue géographique à travers l'Occident de ces opérations de construction. Ou encore, lorsque la fin des chantiers sans fin aura imposé aux ouvriers la mobilité qui sera celle des Compagnons du devoir, cette itinérance aura-t-elle favorisé la diffusion de ces pratiques ?

Mais il nous semble que la réponse à la question de savoir pourquoi une société qui allait devenir la franc-maçonnerie s'est trouvée en phase parfaite avec l'architecture, les métiers du bâtiment plus qu'avec toute autre discipline, doit être cherchée dans ce que nous appellerions une « divine rencontre ». La rencontre entre une recherche, une quête, et la réponse à cette curiosité. Cette réponse, pensons-nous, est venue du contenu d'un document ancien qui présente la caractéristique d'offrir à la fois une efflorescence symbolique quasi infinie et un mode concret d'organisation. Nous pensons que c'est à partir de la révélation purement intellectuelle de cette efflorescence et de cette dualité du contenu, symbolique et organisationnel, que la franc-maçonnerie spéculative a pris corps, sans qu'il y ait eu nécessité pour cela, d'une quelconque filiation historique, ininterrompue ou non, autour de secrets transcendants et de pratiques constantes.

D'autre part, il est surprenant que l'on ne prenne pas davantage en compte le fait que, à la période où s'esquissent en Angleterre les premières loges maçonniques, apparaissent les premiers *gentlemen's club*, ces fameux clubs privés anglais, si fermés, si élitistes, qui sont pour nous autres continentaux la forme la plus achevée du snobisme *made in England.* Comme les premières loges, ces clubs voient le jour dans des tavernes. Walter Raleigh crée celui de *The Devil Tavern*, que fréquente Ben Jonson, et celui de *The Mermaid Tavern* où l'on croise William Shakespeare. Comme les loges, ces *gentlemen's club* se développent au XVIIIe siècle, et plus encore au XIXe siècle. En outre, les uns et les autres présentent des similitudes, l'appartenance sociale de leurs membres en est une.

Se constituer en communauté, en club, est ainsi à considérer comme un fait de société à un moment donné de l'histoire anglaise. Bien que nous n'ignorions pas qu'inscrire l'émergence des loges maçonniques dans une tendance sociétale, relevant du profane, peut être considéré comme hérétique par les tenants d'une origine plus mystique, le fait que leur apparition coïncide avec ce moment de l'histoire nous semble un élément non seulement digne d'intérêt, mais éclairant. « En ce nouveau siècle d'Auguste » (le XVIIIe siècle), écrit André Maurois, « peintres, musiciens, acteurs, écrivains, hommes politiques forment une véritable "société" qui, chaque jour, se retrouve dans les *Coffee Houses*, dans les maisons de chocolat, dans les clubs. Alors naissent quelques-uns des plus célèbres de ceux-ci : le *Kit-Kat*, le *Beefsteak Club*, l'*October Club*[1]. »

Ainsi, des hommes de bonne volonté et de bonnes mœurs trouvant plaisir et profit à se rassembler, des hommes de bien en quête de sens, de profondeur, de contenu fertile ont fort bien pu puiser matière à enrichir leurs réflexions et leurs débats dans le document auquel nous nous référons. D'où notre hypothèse de « divine rencontre ». Dès lors, il y aurait eu en premier la communauté, phénomène social, ensuite la quête de sens aboutissant à la dimension maçonnique proprement dite.

Dans cette optique, la franc-maçonnerie est une création absolue, une manifestation de la liberté de l'esprit humain, et non la résultante d'une hypothétique filiation patrimoniale. Cela dit, si cette référence patrimoniale est vitale, vivante et efficiente en maçonnerie, c'est justement parce qu'elle a été choisie, conquise, réinventée et qu'elle est – ou devrait être – depuis lors perpétuellement réenchantée.

À la liberté de l'esprit humain que nous mentionnons, il convient à l'évidence d'associer l'évolution politique de cette Angleterre-là, qui vient de réussir sa « Glorieuse Révolution » (1688-1689), « cette révolution conservatrice qui se fit sans guerre civile, sans proscriptions, sans exécutions[2] ». Une

1. *Histoire d'Angleterre*, Fayard, 1978.
2. *Ibid.*

maison de prière pour toutes les nations », est-il écrit (accessible aux Israélites et aux gentils). « Il pouvait recevoir dans toutes les cours et appartements réunis pas moins de trois cent mille personnes en accordant une coudée carrée par individu, selon un modeste calcul ».

Puis, suivant le canevas exposé dans le poème « Regius », les *Constitutions* traitent des devoirs proprement dits. En son chapitre 1, nous avons ce qui paraît être la définition type de ce qu'est – ou doit être – le franc-maçon. Cet article a connu quelques variantes après sa première publication en 1723. Le voici dans sa formulation de 1815, résultat d'un consensus conclu après des contestations entre « modernes » et « anciens » sur la place, excessive pour les uns, insuffisante pour les autres, faite à la religion naturelle par rapport à la religion institutionnelle dans les versions précédentes. Les « modernes » étant ici les plus anciens, et les anciens les plus récents. C'est là un épisode parmi tant d'autres de ces querelles, souvent byzantines, qui émaillent l'histoire de la franc-maçonnerie. En 1813, « anciens » et « modernes », ayant chacun pour grand maître l'un des deux fils du roi, se rejoignent et forment la Grande Loge Unie d'Angleterre qui, encore aujourd'hui, se veut être « La grande Loge Mère » de toutes les loges de par le monde, du moins celles qu'elle reconnaît et qui sont de ce fait réputées « régulières ».

« Un maçon s'oblige d'obéir à la loi morale », disent les *Constitutions* en ce chapitre 1, « et s'il comprend droitement l'art, jamais ne sera stupide athée ni libertin sans religion. Mieux que personne, il doit comprendre que Dieu ne voit pas comme les hommes ; car l'homme regarde l'apparence extérieure, mais Dieu regarde le cœur. Un maçon est donc particulièrement tenu à ne jamais agir contre les impératifs de la conscience. Quelle que soit la religion d'un homme, ou son culte, pourvu qu'il croie au glorieux Architecte du ciel et de la terre, et pratique les devoirs sacrés de la morale, le lien solide et doux de l'amour fraternel unit les maçons avec les hommes vertueux de toutes croyances. Ils apprennent à considérer les erreurs humaines avec compassion et à tâcher de démontrer, grâce à la pureté de leur conduite, la très haute supériorité de la foi qu'ils peuvent professer. Ainsi, la maçonnerie est le centre de l'union entre des hommes bons et vrais, et l'heureux moyen de concilier l'amitié entre ceux qui auraient dû, autrement, rester sans cesse éloignés les uns des autres. »

Ce passage des *Constitutions* est éclairant : il contient en quelques lignes les raisons pour lesquelles le pape excommunie les francs-maçons, cela dès 1738. Le texte faisant référence au libre choix de chacun en matière de conviction et posant pour principe l'équivalence de toutes les religions ne peut être considéré que comme hérétique par l'autorité pontificale. De plus, le serment du secret que prête l'initié maçon est incompatible avec le sacrement de la confession, puisque le pénitent ne doit avoir aucun secret pour son confesseur. L'Église tient à son monopole en la matière.

S'ajoute à cela une dimension politique : condamner la franc-maçonnerie revient à attaquer le pouvoir en place en Angleterre, anglican. Il s'agit de soutenir en cela la mouvance jacobite qui milite pour le retour des Stuarts sur le trône d'Angleterre (Jacques II en ayant été chassé en 1688 par la Glorieuse Révolution) et le retour du catholicisme comme religion officielle.

Mais la vraie motivation pontificale serait autre, si l'on se réfère aux travaux de recherche, dans les années 1990, d'un jésuite espagnol, le père Benimeli. La Toscane réclamant certains territoires des États pontificaux, et son gouvernement comprenant des francs-maçons, le Vatican aurait choisi cette contre-attaque afin de le discréditer auprès d'une population fervente catholique. Il s'agirait d'une excommunication de circonstance, à ceci près que Benoît XIV la reformule en 1751, puis Léon XII en 1826 en dehors de tout contexte lié à la Toscane. La raison de fond est doctrinale. En 1917, l'excommunication est déclarée automatique dans le Code du droit canon. Elle disparaît brièvement lors de la refonte de celui-ci en 1983. Quelques mois plus tard, le cardinal Ratzinger – futur Benoît XVI – réintroduit la condamnation, jugeant les francs-maçons « en état de péché mortel » ce qui leur interdit l'eucharistie. Ce point est confirmé en 2007 par la Congrégation pour la Doctrine de la Foi, lointaine héritière de l'Inquisition de sinistre mémoire, se plaisent à souligner les persifleurs.

En France, deux ans seulement avant la première excommunication pontificale, le cheminement de la franc-maçonnerie est marqué d'une pierre angulaire par le discours du chevalier Michel de Ramsay, en 1736. Ramsay, précepteur des enfants de Jacques III Stuart, se trouve en exil avec les jacobites à Saint-Germain-en-Laye.

Son discours reprend naturellement l'histoire légendaire des origines bibliques de l'ordre, mais en l'élargissant considérablement. Il fait de Noé, l'architecte naval, le premier grand maître de l'ordre, puis le flambeau passerait de Noé à Abraham et aux patriarches, et c'est l'un d'entre eux qui aurait donné à l'Égypte l'idée des labyrinthes, des pyramides et des obélisques. Quant à Moïse, il aurait fait élever dans le désert un temple prodigieux, copie du palais invisible du Très-Haut, qui devint ensuite le modèle du temple du « plus sage des rois mortels » Salomon. Après sa mort, les maximes, les statuts et mystères de l'ordre, transcrits en hiéroglyphes, auraient été déposés dans le temple où ils seraient restés douze siècles. Ramsay ajoute à ce volet purement imaginaire l'inévitable recherche d'une antériorité qui ne serait pas, celle-ci, légendaire. Pour lui, l'ordre, « fondé de toute antiquité, aurait été renouvelé en Terre sainte par nos Ancêtres pour rappeler le souvenir des vérités les plus sublimes au milieu des plaisirs de la société ». Il est à noter que dans la recomposition à vocation historique de Ramsay, « l'ordre s'est intimement uni avec les Chevaliers de Saint-Jean », et non avec les Templiers auxquels d'ailleurs, pas plus que ce discours de Ramsay, les *Constitutions d'Anderson* ne font référence.

On constate qu'entre « Regius », les *Constitutions* et Ramsay la partie consacrée à l'histoire mythique, à l'évocation de sources bibliques, le recours à des récits prodigieux ne cessent de s'accroître. C'est ainsi que se trouve approfondi et enrichi le fond de mythes, de légendes dans lequel la franc-maçonnerie viendra puiser les symboles et les allégories de ses rites. Ramsay a bien compris que plus le champ de l'imaginaire à vocation historiographique est vaste, plus le gisement de pépites exploitables sur le plan métaphorique est fertile. Chaque phase de la légende, jusque dans ses détails, ouvre ainsi la voie à ce foisonnement d'interprétations qui constitue la science singulière de l'art maçonnique. Et Ramsay a bien compris aussi qu'une franc-maçonnerie purement rationaliste, excluant de son patrimoine tout ce qui ne relève pas de l'histoire attestée, « scientifique », serait une coquille vide, une banale organisation de clubs mondains, de « bureaux d'esprit », comme on disait à l'époque, sans profondeur et sans avenir. Sans magie.

Par ailleurs, le texte du chevalier Michel de Ramsay pose un principe aussi déterminant que celui de la liberté de conscience en matière religieuse affirmée dans les *Constitutions.* Ce principe est celui de la vocation universaliste de la franc-maçonnerie, la « philanthropie ». « Lycurgue, Solon, Numa et tous les autres législateurs politiques n'ont pu rendre leur république durable et universelle », constate Ramsay. « Le faux amour d'une parcelle d'hommes qui habite un canton de l'univers et qu'on nomme la patrie détruisait dans toutes ces républiques guerrières l'amour de l'humanité en général[1]. »

---

1. Des formulations moins abruptes, plus politiquement correctes circulent aujourd'hui. Par exemple, « le faux amour de la patrie » devient « l'amour de la Patrie, mal entendu et poussé à l'excès » et la

« Le monde entier n'est qu'une grande République dont chaque membre est une famille et chaque particulier un enfant », poursuit Ramsay. « C'est, Messieurs, pour faire revivre et répandre ces anciennes maximes prises dans la nature de l'homme que notre Société fut établie. [...] L'intérêt de la confrérie est celui du genre humain tout entier. »

Ainsi préconise-t-il la réalisation d'un dictionnaire universel de tous les arts libéraux et de toutes les sciences utiles. Preuve que, dans son esprit au moins, le partage et la divulgation tous azimuts des connaissances les plus diverses, les plus vastes, les plus pointues, et la préservation du secret initiatique ne sont pas incompatibles.

Nous avons vu, abordant la liberté religieuse prônée dans les *Constitutions*, l'une des causes d'excommunication, nous voyons ici, avec l'universalisme et la condamnation des nationalismes contenu dans ce discours de Ramsay, la raison de l'hostilité active et constante des pouvoirs politiques relevant du nationalisme ou ne se recommandant pas d'un humanisme universaliste. Dont les dictatures, de droite comme de gauche.

Cependant, le discours ne rompt nullement avec la tradition déiste des textes plus anciens : « Le goût suprême de l'ordre et de la symétrie et de la projection, écrit Ramsay, ne peut être inspiré que par le Grand Architecte de l'Univers dont les idées éternelles sont les modèles du vrai beau. »

Environ un siècle plus tard, notamment en France, les références posant la croyance en une entité supérieure comme principe intangible, condamnant l'athéisme ou l'agnosticisme par des formules aussi abruptes que « ne sera stupide athée, ni libertin sans religion » vont entraîner des

---

mention : « un canton de l'univers que l'on nomme la patrie » est supprimée, etc.

débats, puis une séparation entre les obédiences[1] et les loges fidèles à ces affirmations d'origine et celles qui, davantage soucieuses d'inscrire l'intention maçonnique dans le siècle, accompagnent ou précèdent la laïcisation du corps social. En 1887, l'obédience du Grand Orient (fondée en 1773) exclut de ses textes et rituels toute référence au Grand Architecte de l'Univers et élargie la liberté de conscience à l'athéisme. Plus encore, en 1904, la question de savoir si l'obédience doit s'affirmer antireligieuse est posée. Ce pas ne sera pas franchi. Cependant, les plus ardents anticléricaux des frères n'auront de cesse de brandir l'excommunication de 1738, si divinement précoce, comme un étendard. Ils y voient la preuve que leur ordre, dès l'origine, faisait trembler les papes.

Parallèlement, ses membres prennent une part de plus en plus active dans l'évolution législative et sociale du pays, donnant à leur engagement une dimension plus politique que spéculative. Voire exclusivement politique. Le divorce est consommé lorsque la Grande Loge d'Angleterre, tenant à exercer pleinement son rôle de « Loge Mère de toutes les loges », rejette le Grand Orient et ses membres comme « irréguliers ». Ils sont exclus, en quelque sorte, pour péché d'hérésie. Cela peut faire sourire.

Cependant, la dimension politique va prendre une place plus ou moins importante selon le contexte du moment. Les grandes ruptures comme la séparation de l'Église et de

1. Une obédience est un regroupement, une fédération de loges. On en compte officiellement plus de trente en France. Neuf seulement en Grande-Bretagne. Les principaux rites pratiqués aujourd'hui dans les loges sont : le rite anglais dit émulation, le rite écossais ancien et accepté, le rite écossais rectifié, le rite français dit moderne, le rite ancien et primitif de Memphis-Misraïm, le rite américain dit d'York. Certaines sont exclusivement masculines, certaines féminines, d'autres mixtes.

l'État[1] au début du XXe siècle, les lois sur l'instruction publique laïque, gratuite et obligatoire, la suppression des congrégations religieuses dans l'enseignement placent la franc-maçonnerie, du fait même de ses principes fondateurs – égalité, liberté de conscience – au cœur des débats et des combats.

Une fois ces profondes réformes politiques et sociales inscrites dans la loi et dans les faits, elles ont pu apparaître comme imposées par la seule franc-maçonnerie qui serait parvenue à cette victoire au moyen d'une conspiration ourdie de longue date dans le secret des loges. Il s'agissait, en accréditant cette thèse du complot, d'occulter le fait que c'était d'abord l'évolution de la société en général et des mentalités, frappant d'obsolescence les réponses anciennes à des aspirations nouvelles, qui avait créé les conditions de ces ruptures.

À cet égard, le déchaînement antimaçonnique a rendu à la franc-maçonnerie un bon et un mauvais service. Un bon service en répandant dans l'opinion l'idée qu'elle avait sur les événements et les institutions un pouvoir sans limite, non seulement lors de cette phase historique particulière, mais de tout temps et en tout lieu. Cela induisait que les loges étaient constituées exclusivement de Machiavel ou de Pic de la Mirandole, de génies fertiles et omnipotents. Leur prestige auprès du public ne pouvait qu'en être grandi. Le mauvais service est le corollaire du bon : par ses attaques, l'antimaçonnisme accréditait la rumeur selon laquelle les loges constituaient un État dans l'État et exerçaient dans l'ombre, là encore en tout lieu et de tout temps, la réalité du pouvoir. Bref, le mythe du complot mondial attribué naguère à l'ordre des illuminati tel qu'en lui-même !

1. Dans son *Institution de la religion chrétienne*, publiée en 1536, le réformateur protestant Jean Calvin réclame déjà la séparation de l'Église et de l'État.

Mais la politique du temps ne se réduit pas aux réformes républicaines mentionnées. Elle se pimente de scandales retentissants, dont la gigantesque affaire de Panama où nombre de politiciens, parlementaires, ministres, élus locaux, parmi lesquels un assez fort contingent de francs-maçons, ont été convaincus de corruption. Le cloaque de Panama sera suivi de bien d'autres affaires où des frères trouveront à s'illustrer. L'histoire de la république en est fertile, jusqu'à la plus récente période.

« Pourquoi les obédiences n'ont-elles pas lutté efficacement contre ces dérives qui discréditent l'ensemble de la maçonnerie[1] ? » interpellent Ghislaine Ottenheimer et Renaud Lecadre. « Qu'il soit dit que dans tous les cas mis en avant ces vingt dernières années par la presse ou dans les différents ouvrages sur les affaires », répond Alain Bauer, « il n'y a pas un seul exemple de frère qui n'ait pas été poursuivi, suspendu, radié ou exclu. Pas un seul. [...] Elle[2] traite en interne plus d'affaires que la presse n'en révèle. [...] Il reste que les dévoiements particulièrement graves qui mettent en cause le système [...] pour l'essentiel n'ont pas la loge pour cadre. Ce n'est pas le bon endroit. Dans la loge, il y a trop de monde, des professions différentes, des points de vue variés, et une vigilance mutuelle sur certains comportements[3]. »

Il est un fait que, dans ces affaires, la franc-maçonnerie paie le tribut de son opacité. Pour le public, ses membres sont un conglomérat de bipèdes en noir et blanc indifférenciés et indifférenciables, soumis aux ordres et asservis au secret. La conséquence en est que la faute, le manquement, le crime de tel ou tel franc-maçon devient le la faute, le manquement, le crime de la franc-maçonnerie tout entière.

1. in *Les Frères invisibles*, Albin Michel, 2001.
2. L'obédience, ici le Grand Orient (N.D.A).
3. in *Grand O*, Denoël, 2001.

La divergence chez les maçons sur la place de l'intime et du sociétal, du spirituel et du politique, divergence ayant entraîné le divorce que nous avons évoqué, correspond à une évolution historique de l'analyse politique générale et au développement des sciences humaines, en particulier la sociologie.

La franc-maçonnerie traditionnelle est contemporaine de l'humanisme des Lumières, humanisme pris dans le sens où l'on considère que l'amélioration de la société est suspendue à l'amélioration de l'homme en son être individuel. Le XIXe siècle voit prospérer une vision inversée : c'est d'abord par l'amélioration des conditions objectives dans lesquelles vit l'individu que celui-ci peut connaître une évolution favorable. Cette conception modifie l'approche même du projet maçonnique qui, pour certains courants, ne peut plus se limiter à la construction du temple intime, personnel du maçon, au polissage de sa pierre brute, mais doit embrasser le siècle, ses lois, les conditions de vie.

Autrement dit, il s'agit de faire entrer la franc-maçonnerie dans une relation dialectique avec son temps. Toute la problématique devient alors une affaire d'équilibre entre l'une et l'autre préoccupation. D'où les débats de fond. D'où aussi les nouvelles querelles byzantines. La hiérarchie ne risque-t-elle pas de correspondre davantage à une échelle de pouvoir qu'à la sanction de connaissances maçonniques ?

Quoi qu'il en soit, cet équilibre recherché, sans doute collectivement au sein des loges et obédiences, mais surtout intimement par chaque maçon, en conscience, ouvre, semble-t-il, la vaste et riche perspective selon laquelle il y aurait autant de façons de vivre le projet maçonnique qu'il y a de maçons.

Faut-il voir là une explication de la profusion d'obédiences à laquelle on assiste depuis le milieu du siècle dernier, chacune cultivant sa différence en puisant dans la richesse – à la fois poétique et symbolique, exotérique et ésotérique – des références bibliques et légendaires ?

Étendue quasi infinie du prisme qui, pour une part, expliquerait la pérennité de l'ordre ? Le seul ordre, notons-le, qui – même si la paternité d'un Noé ou d'un Moïse reste des plus incertaines – n'en existe pas moins sans discontinuité depuis trois siècles sous les régimes et les horizons les plus divers sans avoir perdu, du moins dans sa doctrine, le principe central de la fraternité universelle [1].

Mais la pérennité de l'ordre repose aussi sur la constance de rites fondamentaux, partagés par l'ensemble des obédiences. L'initiation, comme nous l'avons vu pour les cultes de l'Antiquité, repose sur la symbolique de la mort du profane puis de sa renaissance – résurrection – aux Lumières. Les loges se réunissent au cours de « tenues » qui ont pour cadre le temple, lieu à la configuration symbolique, orienté d'Est en Ouest, et selon des liturgies très précises. Toutes les obédiences s'articulent autour des trois grades empruntés au métier de bâtir – apprenti, compagnon, maître – auxquels est venue s'ajouter une sophistication hiérarchique complexe de « hauts grades », de degrés additionnels et facultatifs dont le nombre varie selon les obédiences. Au demeurant, vu de l'extérieur, cela peut faire penser davantage à un culte des vanités qu'à une nécessité doctrinale. Encore que certains croient déceler dans cette hiérarchie parallèle la marque d'une organisation elle aussi parallèle, un ordre au-dessus de l'ordre, puissance manipulatrice secrète qui tiendrait dans sa main les obédiences, les loges et les frères, à leur insu, bien sûr. Et, en bout de chaîne, la planète entière. Nous retrouvons ici la théorie du gouvernement occulte du monde.

Tout est symbole en maçonnerie. Les gants blancs, symbole de pureté ; l'équerre, symbole de rectitude de la raison ; le niveau, symbole d'égalité ; le compas, symbole de sagesse et de mesure. L'équerre et le compas associés

1. Il existe – pour ne donner que cet exemple – des loges féminines au Maroc.

symbolisent la matière et l'esprit. Lorsqu'une branche du compas est posée sur l'équerre et l'autre dessous, cela signifie qu'il y a parfait équilibre entre matière et esprit. Si les deux sont dessous, la matière domine. Si les deux sont dessus, l'esprit prévaut[1]. Ce ne sont ici que quelques aperçus. Le foisonnement des symboles, des allégories, l'infinité de connexions possibles entre ces signes et l'enrichissement graduel de lectures qui en résulte font que le cheminement du maçon dans l'apprentissage de son art paraît sans fin. Et se révèle parfois aussi fort déroutant. L'abbé Pérau, dès 1744, écrit dans son ouvrage *Le Secret des francs-maçons* : « Pour le public un franc-maçon sera toujours un vrai problème, qu'il ne saurait résoudre à fond qu'en devenant maçon lui-même. »

Définir la franc-maçonnerie de l'extérieur n'est pas aisé, en effet. « Société de pensée, ordre initiatique, association philosophique, communauté fraternelle ou simple réseau politique », écrit Roger Dachez, « la franc-maçonnerie demeure pour beaucoup, surtout en France, environnée d'ombres et de fantasmes[2]. » Elle est tout cela, sans doute. Alternativement ou concomitamment, avec des pics de tel ou tel aspect en fonction du contexte général à un moment donné, en fonction aussi des nécessités de sa propre histoire. Et de son recrutement.

De nos jours, la franc-maçonnerie donne bien souvent l'impression de cultiver son secret à grand bruit : portes ouvertes dans les obédiences, conférences *urbi et orbi*, émissions de radio et de télévision, parutions de bibliothèques entières sur le sujet, thèmes récurrents des magazines en alternance avec les régimes amincissants, les nouvelles tendances culinaires et les amours erratiques des people. Tout

1. CHEVALIER (Jean) et GHEERBRANT (Alain), *Dictionnaire des symboles*, Robert Laffont/Jupiter, 1969, nouvelle édition 1997.

2. DACHEZ (Roger), *op. cit.*

cela sans omettre quelques scandales de-ci de-là sans quoi le spectre médiatique ne serait pas totalement couvert… Tant et si bien que l'on se demande si la franc-maçonnerie est encore une société secrète. Ou mieux, si elle l'a jamais été. En fait, la franc-maçonnerie moderne sait être secrète sans être clandestine. Nuance subtile, certes, mais bien réelle.

Le secret comme ingrédient marketing de son succès ? les caustiques s'interrogent. D'un point de vue extérieur, la question n'est pas illégitime. Car plus la franc-maçonnerie se montre, plus elle donne à voir et plus la puissance hypnotique de ce fameux secret agit sur les foules. Paradoxe, certes, mais paradoxe apparent. Ne sommes-nous pas ici dans le proche voisinage des sphères ésotériques que nous avons évoquées pour les cultes de l'Antiquité ?

Si la franc-maçonnerie contemporaine peut s'exposer si volontiers sans que cette puissance du secret ne s'épuise, la réponse est peut-être à chercher moins en elle-même qu'en la nature profonde de l'être humain, cet être qui n'aurait jamais rompu avec ce qui nourrissait déjà la quête du myste d'Isis ou d'Éleusis, du disciple de Pythagore, la conscience obscure que derrière chaque vérité est une autre vérité, que derrière le visible il y a l'invisible, qu'au-delà du sens littéral il y a une profondeur, et derrière cette profondeur une autre profondeur (« Jusqu'à sept profondeurs derrière cette profondeur » comme nous l'avons vu avec Henri Corbin et la philosophie de l'islam).

La quête sans fin du Vrai. Adossée à l'espérance, elle aussi sans fin, que le Vrai est.

Sur un tout autre plan, il est évident qu'on ne peut traiter des sociétés secrètes sans aborder la question de l'appartenance de personnalités d'exception, de grands savants, d'artistes au rayonnement universel, à telle ou telle d'entre elles.

L'initiation est-elle une des sources de leur génie ? Leur quête personnelle se confond-elle avec celle de leur ordre ? À quel moment de leur vie, à quel stade de leur œuvre, de leurs recherches, cette initiation intervient-elle ? Y a-t-il un avant et un après dans leur réflexion, dans la structure de leur pensée, dans leurs découvertes, dans leurs théories, dans leur production, dans leur rapport au monde et à l'acte de créer ? Saurait-on détecter à telle ou telle étape de leur travail une épiphanie liée à l'initiation ? Comment historiquement la situer, en appréhender et évaluer l'apport ?

Le cas de Voltaire est particulièrement intéressant. Il aurait été initié franc-maçon dans les derniers jours de sa vie, alors que son œuvre est achevée. Si cette initiation a bien eu lieu, elle n'a pu avoir aucune influence sur sa pensée. Et si elle a apporté quelque chose, ce n'est assurément pas à Voltaire lui-même, mais bien plutôt à la réputation, à l'aura intellectuelle de la franc-maçonnerie. La remarque vaut aussi pour Mozart, génial dès le berceau, devenu maçon sur le tard de sa courte existence. Si son initiation peut avoir eu une influence sur le livret écrit par Emanuel Schikaneder pour *La Flûte enchantée*, on ne voit pas en quoi elle aurait inspiré, nourri les œuvres précédentes.

Les Paracelse, Newton, Kepler, Copernic, Galilée, Léonard, et *a fortiori* Shakespeare[1] livrent le fruit de leur génie. Ils écrivent, ils décrivent, ils se produisent, ils démontrent, ils enseignent, ils partagent. Sans aucun doute ceux-là s'astreignent-ils à une confrontation dialectique permanente entre la raison la plus exigeante et la puissance créatrice de l'intuition la plus libérée. Il n'est pas douteux que leur approche de l'ésotérisme a pour propédeutique une absolue maîtrise des connaissances exotériques de leur temps, une

1. Tous présentés – parmi de nombreux autres tout aussi prestigieux – comme « Initiés » (sans véritables preuves hélas) par certains auteurs dont, par exemple, Jonathan Black in *L'Histoire secrète du monde*, Florent Massot, 2009.

curiosité tous azimuts – y compris éventuellement en direction des cénacles du bizarre[1] – et une méthode analytique rigoureuse[2]. Bref, tout ce qui fait si cruellement défaut aux tenants de ce que nous appellerons le « populisme ésotérique ».

Les grands noms de la science ou de l'art que nous avons cités semblent bien se situer à l'opposé de la claustration dans le secret, et les faire entrer, sans preuve, dans le panthéon invérifiable des « initiés » peut effectivement s'apparenter à de la récupération aux fins de caution morale, intellectuelle, scientifique.

Sauf à considérer, bien sûr, que les manifestations *urbi et orbi* de leur art, de leur science n'en sont que l'écume – l'essentiel demeurant celer dans les arcanes de l'ésotérisme – et que tous souscrivent à la prescription du grand prêtre d'Osiris : « Il faut mesurer la vérité selon les intelligences, la voiler aux faibles qu'elle rendrait fous[3] », il y a un paradoxe irréductible entre leur rayonnement, la profusion partagée de leurs créations, et le culte de l'occulte auquel ils sont supposés avoir adhéré.

Enfin, il se peut que les bâtisseurs de la grande pyramide aient détenu des secrets à jamais insaisissables, mais leur grande pyramide est bien là. Manifeste. Visible. Explorable. Exposée. Offerte au monde. Exotérique autant qu'ésotérique. Il en va de même des cathédrales. Ce n'est pas parce que nous ne saurions plus décrypter aujourd'hui leur récit de pierre dans toute sa sophistication que ce récit aurait été nécessairement mystérieux aux fidèles du temps. Les évêques – et eux seuls – étaient à l'initiative de la construction de ces

---

1. Il se dit que Descartes aurait souhaité rencontré des membres de la Rose-Croix. Ceux-ci n'auraient pas donné suite.

2. Nous avons vu que le postulant à l'initiation dans les premiers mystères d'Isis-Osiris se voyait imposé un très long temps d'étude avant d'aborder les prémices du sacré.

3. SCHURÉ (Édouard), *op. cit.*

monuments. On ne voit guère comment ils auraient pu se laisser déposséder du sens – si diversifié soit-il – de ces récits voulus par eux ; comment ils seraient restés aveugles et passifs devant de supposés détournements du dogme, de prétendues réécritures des vérités sainte ; comment enfin ils auraient accepté sans ciller que, dans leur livre de pierre, soient tracées des lignes dont la signification ne pouvait que leur échapper, puisqu'on tient tant à les prétendre porteuses d'un tout autre message.

L'affaire n'est pas très différente pour les chefs-d'œuvre de Shakespeare ou les géniales avancées newtoniennes, rendues disponibles à la multitude, sinon accessibles, par leurs auteurs mêmes. La démarche est aux antipodes de ce que nous constatons chez tant d'autres, gourous de conventicules, exaltés sincères ou imposteurs, où il n'y a, derrière le brouillard du secret et le hochet du mystère suprême – dont la révélation, semblable à la ligne d'horizon, recule à mesure que l'on avance – rien de plus qu'un vide abyssal et désespérant. Un vide parfois fort lucratif, il est vrai…

Conclusion

Raconter, analyser les organisations secrètes, c'est aussi porter un regard sur ce que sont la société et les hommes à tel ou tel moment de leur histoire. Dans leur quête, dans leur fonctionnement, dans leur recrutement, dans leurs doctrines et leurs enseignements, ces associations occultes sont une expression souvent très révélatrice, très éclairante des mentalités et de l'inconscient collectif du contexte historique dans lequel elles émergent et se développent. Le paradoxe fondamental qu'elles portent en elles est que plus elles prétendent à l'intemporalité, plus elles trahissent, traduisent, expriment la réalité du temps. Elles sont en quelque sorte le négatif de la photo, de ce qui l'anime, l'agite, l'interroge, l'angoisse ou l'exalte. L'avènement de la franc-maçonnerie en Angleterre dans le sillage de « l'heureuse révolution », alors que le modèle social et sociétal évolue selon des normes en partie nouvelles, en est l'expression la plus parlante. Cette inscription dans le monde comme il est et comme il va, dans le ici et le maintenant, adhésion d'ailleurs revendiquée par tout un pan de la franc-maçonnerie moderne, apparaît comme la prise en compte de cette quasi-évidence. Cela, bien sûr, au risque de perdre en chemin la profondeur de la quête initiale, celle du sens au-delà du sens immédiatement perceptible. Cette tendance relève sans aucun doute d'un des innombrables épisodes du conflit permanent inhérent à ces sociétés humaines qui voient tour à tour, au gré justement des vents dominants de l'histoire, la raison prendre le pas sur le spirituel ou le spirituel sur la raison, parfois jusqu'au délire. Mais avant tout, leurs cénacles fermés demeurent, depuis Osiris jusqu'à ce jour, le champ clos de cet autre inépuisable conflit, celui qui oppose les forces de lumière aux puissances des ténèbres. Nous rappeler en permanence que ces forces, lumière et ténèbres, existent bel et bien et sont à l'œuvre constitue, au-delà des dérives absurdes et des déviances sulfureuses que nous avons évoquées, l'apport essentiel – et cette fois intemporel – de ces sociétés… Sociétés dont, au demeurant, l'étrangeté n'est pas le moindre des charmes.

Table

Imprimé à Barcelone par:

BLACK PRINT

Cet ouvrage a été mis en page par IGS-CP
à L'Isle-d'Espagnac (16)

N° d'édition : L.01EUCN000683.N001
Dépôt légal : avril 2017